트래블로그Travellog로 로그인하라!
여행은 일상화 되어 다양한 이유로 여행을 합니다.
여행은 인터넷에 로그인하면 자료가 나오는 시대로 변화했습니다.
새로운 여행지를 발굴하고 편안하고
즐거운 여행을 만들어줄 가이드북을 소개합니다.

일상에서 조금 비켜나 나를 발견할 수 있는 여행은
오감을 통해 여행기록TRAVEL LOG으로 남을 것입니다.

동유럽 사계절

동유럽은 북쪽의 발트3국과 폴란드는 춥고 긴 겨울의 북유럽 기후이지만 체코, 오스트리아, 헝가리는 전형적인 중부유럽의 대륙성 기후를 보인다. 그러나 발칸반도는 남부유럽의 특징인 지중해성 기후를 보이고 있으므로 지역마다 날씨의 차이가 크다.

중부유럽

지리적으로 유럽의 중부 내륙에 있는 드넓은 평야지대인 대륙성 기후와 지중해성 기후의 중간으로 여름은 덥고 겨울은 매우 추운 날씨를 가지고 있다.

봄

4월 초까지 기온의 변화가 심해 봄을 느끼는 시기는 4월 말이 되어서야 가능하다. 체코도 역시 봄이 짧아지고 날씨가 더워지고 있다.

여름 |

북부와 중부 대부분의 지역은 여름과 겨울의 기온 차이가 큰 대륙성 기후를 가지고 있다. 여름은 기온이 영상 30도를 넘는 날도 있지만 습도가 낮고, 비가 많이 내리지 않아서 덥다고 느껴지지 않는다.

가을 |

동유럽 여행이 가장 좋은 시기는 9, 10월초이다. 기온이 낮아지면서 하늘은 높고 동유럽의 아름다운 자연을 볼 수 있는 시기이다. 또한 다양한 축제로 즐길 수 있는 계절이 가을이다.

겨울 |

겨울에는 짙은 안개와 스모그 현상이 자주 일어나고 영하 10도 아래로 내려가는 날이 많고 눈이 많이 내려서 여행할 때는 반드시 따뜻한 외투와 장갑이 꼭 필요하다

Eastern Europe Travel with Car

발칸반도의
크로아티아, 몬테네그로, 알바니아

높은 해안 산맥은 추운 북풍으로부터 해안 지역을 보호하는 역할을 한다. 햇빛이 잘 드는 연안 지역은 덥고 건조한 여름과 온화하고 비가 많이 내리는 겨울이 특징이며 겨울에는 10℃ 밑으로 내려가는 경우가 드물고 8월에도 26℃까지 올라갈 뿐이다. 내륙지역은 겨울에 춥고 여름에 따뜻하다.

비가 오지 않고 건조한 날씨는 5월부터 온도가 올라가면서 시작된다. 6월부터 9월까지 모든 유럽의 휴양객이 아드리아 해의 해안에 몰려들면서 숙박의 가격이 2배까지 상승하기도 한다.

동유럽 여행 떠나는 시기

지중해의 온화한 기후는 5~10월까지 내내 뜨겁고 강한 햇빛이 내리쬐지만 겨울에는 온화하고 비가 자주 내린다. 기온은 높게 유지된다. 반대로 대륙성 기후는 여름에는 건조하고 덥지만 겨울에는 눈이 많이 오고 추워진다.

여름

동유럽의 여름은 6~9월까지로 가장 화창한 날씨 때문에 전 세계의 관광객이 몰려든다. 오스트리아와 체코, 폴란드는 봄이나 가을까지 1, 2개월 더 온화한 날씨가 지속되어 5~9월까지 여행에 적합하다.

동유럽여행은 6월이나 9월 초에 가는 것이 가장 좋다. 날씨도 따뜻하고 낮도 길어서 하루가 길다. 여행하기에 좋은 날씨에 여름 성수기에서 살짝 피해 있으므로 숙소도 저렴한 편이다. 또한 다양한 문화행사를 볼 수 있는 반면에 7~8월에는 도시에 관광객들로 혼잡해지고 숙박비도 비싸지며 발칸 반도는 찌는 듯이 더워져 대한민국의 여름처럼 습하기까지 하다.

7월 말부터는 특히 휴가를 맞은 관광객들 때문에 전체 동유럽은 여행 중일 것이다. 8월은 여행객들이 몰려들어서 가장 여행하기 힘든 시기가 될 것이다. 혼잡함이나 비싼 가격을 피하려면 6월과 9월이 7, 8월보다 좋다.

봄 · 가을

동유럽여행은 하고 싶은 것, 보고 싶은 관광지에 따라 적당한 여행시기가 없다. 여행일정에 따라 달라지기도 하지만 가장 선호하는 여행 시기는 5월 말부터 6월 중순, 9월이다. 관광객들이 아직 오지 않고, 관광객이 여행을 끝낸 시기이기 때문에 가격은 여러 모로 사정이 나아지고 날씨도 온화하다. 봄과 가을은 여름과 겨울보다 습도가 더 높고 바람이 많이 분다. 10월이 되면 체코나 폴란드는 기온이 떨어지고 비가 오는 날씨가 많아 가을은 짧게 지나간다.

겨울

겨울은 동유럽여행의 목적에 따라 가볼만하다. 여름에 비해 겨울에는 관광객이 적지만 크리스마스나 새해에는 상당히 관광객이 많다. 이 시기를 제외하면 겨울철에 관광객이 훨씬 적어지고 숙박비나 전체적인 여행물가도 현저히 떨어진다. 겨울에는 비엔나, 체코, 에스토니아의 크리스마스 마켓을 보러가는 여행이 인기를 끌고 있다.

Intro

자동차를 이용해 유럽여행을 다녀온다는 것이 2000년대 초만 해도 자랑이라고 이야기할 정도로 대단한 시절이 있었다. 지금은 많은 유럽여행자들이 자동차를 이용하고 있다. 자동차로 유럽여행을 하는 것이 '더 경제적일 수 있다'라는 경제적인 접근보다는 오히려 소도시 위주로 쉽게 갈 수 있어 '제대로 된 유럽여행을 하려면 자동차를 이용하는 것이 좋다'라고 말하는 게 올바른 시각일 것이다.

언제부터인가 유럽여행은 무슨 짐짝처럼 실려 다니는 패키지여행으로부터 시작하는 우리의 잘못된 생각과, 호텔팩이라는 배낭여행을 대신하는 무한질주식의 고단한 여행에 벗어나 여행의 본질을 찾기 위해 현명한 방법을 찾는 데서 출발한 것이 바로 유럽을 자동차로 여행하는 것이라고 생각하던 시기도 있었다.
예전과 달리 사람들의 여행에 대한 인식이 변해가면서 그 여행의 형태도 다양해지는 것 같다. 유럽만 하더라도 비싼 서유럽이나 북유럽의 물가를 감당하기 힘들어 배낭여행이나 패키지여행이 유행했었지만 최근에는 자동차 여행이라는 새로운 방식으로 유럽여행을 즐기는 여행자가 늘어나고 있다. 자동차로 유럽여행을 하고 싶어도 길도 모르는 유럽에서 목적지를 찾아가는 것이 쉽지 않았기 때문에 자동차여행이 대중화되기 힘들었다. 자동차여행의 대중화를 만든 것이 스마트폰의 대중화이다. 무선 인터넷으로 쉽게 네비게이션을 사용할 수 있기 때문에 목적지를 찾아가는 것이 어렵지 않다.

무선 인터넷의 발달로 스마트폰만 있으면 언제 어디서나 네비게이션 접속으로 목적지를 쉽게 찾아갈 수 있다. 2000년대만 해도 커다란 지도가 없으면 목적지 확인이 힘들고 내가 운전을 잘하여 가고 있는지 확인할 수 있는 방법이 적었다. 그러나 네비게이션의 발달과 함께 스마트폰 속의 네비게이션도 상당히 발달해 사용이 쉬워졌다.

이 책은 자동차로 유럽여행을 하려는 여행자가 쉽고 간편하게 접근할 수 있는 유럽 자동차 여행의 가이드 역할을 하기 위해 만들어졌다. 대한민국처럼 직장인이 일주일 이상을 여행하기 힘든 나라에서는 효율적인 여행의 방법을 생각하기 때문에 낯선 유럽을 방황하면 좋을 것 같지 않다는 여행자가 많다. 그래서 유럽을 자동차로 여행하는 것이 좋은 방법이라고 생각한다.

자동차로 떠나는 유럽여행이 어렵지 않다는 것을 이 책을 읽으면 알 수 있을 것이다. 쉽고 자세한 설명과 친절한 지도를 제공하기 위해 힘썼다. 여행이라는 것이 언제나 계획한 대로 딱 맞아 떨어지지 않는 것처럼 내가 원하는 정보만을 얻을 수 있는 자동차 여행 책은 없었다. 자동차 유럽여행은 제한된 자동차 여행이 아니라, 유럽 전체를 자동차로 여행할 수 있는 정보를 제공하기 위해 노력하였다. 비용이나 사고 등 예측하지 못했던 일들에 대한 대처방식에 더 궁금해 한다는 설문조사를 통해 Q&A로 제공하고 있다.

남들이 다하는 기차여행이나 배낭여행이 아니라 스스로 낯선 유럽을 효율적이고 자유롭게 다니는 자동차여행의 장점을 알게 된다면 점점 늘어날 유럽 자동차여행자를 더 많이 볼 수 있을 듯하다. 혹시 유럽 렌터카업체의 매출을 끌어올릴지도 모를 일이다.

유럽 자동차여행은 더 자유롭게 여행을 할 수 있다는 점에서 자동차 여행을 이용하는 개인이 늘어날수록 그들이 돌아와서 대한민국을 보는 눈과 자신의 의사를 결정할 때 보다 더 객관적인 자세와 인생을 넓게 바라보는 눈들이 늘어날 것이라는 막연한 공상도 해본다.

나만의 여행을 하고 싶은 사람이라면, 손과 발이 자유로운 여행을 하고 싶은 사람이라면 자동차 유럽여행을 추천한다. 이 책을 통해 자동차여행에 관심이 생기는 여행자가 많았으면 좋겠다.

Contents

동유럽 사계절	2~5
동유럽 여행 떠나는 시기	6~9
Intro / 지도	10~13
자동차 여행을 해야 하는 이유	18~23
About 동유럽	24~31
동유럽을 꼭 가야 하는 이유	32~37
동유럽 소도시 여행 잘 하는 방법	38~41

〉〉 동유럽 여행에 꼭 필요한 Info

동유럽 여행 밑그림 그리기	44
패키지여행 VS 자유여행	45
동유럽 여행 물가	46~47
동유럽 추천 여행코스	48~49
동유럽 숙소에 대한 이해	50~51
동유럽 자동차 여행을 계획하는 방법	52~61
동유럽 국가 자동차 이동시간 지도	62~63
동유럽 렌트카 예약하기, 가민 네이게이션 장, 단점	64~65
렌트카 영업소 찾기	66~69
교통 표지판, 자동차 여행 준비 서류, 차량 인도할 때 확인사항	70~71
해외 렌트보험, 유료 주차장 이용하기, 운전사고	72~73
도로 사정, 셀프 주유	74~79

동유럽의 통행료	80~81
안전한 자동차 여행을 위한 준비사항	82~87
여행 준비물, 여권 분실 및 소지품 도난 시 해결방법	88~91
동유럽 캠핑	92~93
동유럽 자동차 운전 방법	94~97
알고 떠나자, 비네트	100~101

〉〉 발트 3국   102~143

한눈에 보는 발트 3국
About 발트 3국
발트 3국 여행 잘하는 방법
발트 3국에 관광객이 늘어나는 이유

발트 3국 여행에 꼭 필요한 Info
발트 3국 밑그림 그리기, 패키지 여행, 발트 3국 숙소에 대한 이해
발트 3국 여행 계획 짜기
발트 3국 여행 추천 일정
발트 3국 여행에서 알면 더 좋은 지식

발트 3국 IN
비행기, 페리, 기차, 버스, 렌트카
발트 3국 도로

》 폴란드   144~191

지도
About 폴란드
폴란드를 꼭 가야 하는 이유
폴란드 여행 잘하는 방법

폴란드 여행에 꼭 필요한 Info
폴란드 여행 계획 짜기
폴란드 여행 물가, 폴란드 여행비용, 축제, 역사, 인물
폴란드 음식
About 폴란드 라이프
폴란드 도로 / 도로 지도

》 체코   192~233

한눈에 보는 체코 & 프라하
About 체코
체코를 꼭 가야 하는 이유
체코 & 프라하 여행 잘하는 방법

체코 & 프라하 여행에 꼭 필요한 Info
한눈에 보는 체코 역사
체코와 슬로바키아
체코 여행 계획 짜기
체코 맥주
체코 음식
체코 현지 여행 물가 / 축제
체코 쇼핑
체코 도로 / 도로 지도

〉〉 오스트리아   234~273

오스트리아 지도
About 오스트리아
오스트리아에 1년 내내 관광객에게 인기가 있는 이유

오스트리아 여행에 꼭 필요한 Info
한눈에 보는 오스트리아 역사, 인물, 영화
오스트리아 여행 계획하는 방법
오스트리아 도로 / 도로 지도

〉〉 헝가리   274~307

지도
About 헝가리
헝가리를 꼭 가야 하는 이유
헝가리 여행 잘하는 방법

헝가리 여행에 꼭 필요한 Info
헝가리 여행 계획 짜기
헝가리 여행 물가, 여행비용, 축제, 역사, 인물
헝가리 도로 / 도로 지도

〉〉 크로아티아   308~350

한눈에 보는 크로아티아
About 크로아티아
크로아티아를 꼭 가야 하는 이유
크로아티아 여행 잘하는 방법

크로아티아 여행에 꼭 필요한 Info
크로아티아 여행 계획 짜기
크로아티아 여행 물가, 여행비용, 축제, 역사, 인물
크로아티아 도로 / 도로 지도

자동차 여행을 해야 하는 이유

나만의 유럽 여행

자동차 여행에서 가장 큰 장점은 나만의 여행을 다닐 수 있다는 것이다. 버스나 기차를 이용해 다니는 일반적인 유럽 여행과 달리 이동 수단의 운행 여부나 시간에 구애 받지 않고 본인이 원하는 시간에 이동이 가능하며, 대중교통으로 이동하기 힘든 소도시 위주의 여행을 할 수 있어서 최근에 자동차 여행은 급격하게 늘어나는 추세이다.

짐에서 해방

유럽을 여행하면 울퉁불퉁한 돌들이 있는 거리를 여행용 가방을 들고 이동할 때나 지하철에서 에스컬레이터 없이 계단을 들고 올라올 때 무거워 중간에 쉬면서 이렇게 힘들게 여행을 해야 하는 지를 자신에게 물어보는 여행자가 의외로 많다는 사실을 알았다. 일반적인 유럽 여행과 다르게 자동차 여행을 하면 숙소 앞에 자동차가 이동할 수 있으므로 무거운 짐을 들고 다니는 경우는 손에 꼽게 된다.

줄어드는 숙소 예약의 부담

대부분의 유럽여행이라면 도시 중심에 숙소를 예약을 해야 하는 부담이 있다. 특히 성수기에 시설도 좋지 않은 숙소를 비싸게 예약할 때 기분이 좋지 않다. 그런데 자동차 여행은 어디든 선택할 수 있으므로 자신이 도착하려는 곳에서 숙소를 예약하면 된다. 또한 내가 어디에서 머무를지 모르기 때문에 미리 숙소를 예약하지 않고 점심시간 이후에 예약을 하기도 한다. 도시 중심에 숙소를 예약하지 않으면 숙소의 비용도 줄어들고 시설이 더 좋은 숙소를 예약할 수 있게 된다.

자동차 여행을 하다보면 여행 일정이 변경되는 경우가 많다. 동유럽 지역은 소도시에 성수기에도 당일에 저렴하게 나오는 숙소가 꽤 있기 때문에 숙소를 예약하는 데 부담이 줄어들게 된다.

줄어드는 교통비

유럽여행을 기차로 하려고 가격을 알아보면 상당히 비싼 기차 비용을 알게 된다. 그러므로 유레일패스를 일찍 예약하면 할인을 받을 수 있다는 사실을 알고 할인 구입을 한다. 하지만 할인 예약을 해도 15일 유레일패스의 비용은 100만원에 육박한다. 또한 예약비를 추가해야 하므로 상당한 비용이 발생한다. 그래서 유럽인들은 저가항공을 이용하는 경우가 대부분이다.

그런데 자동차 여행을 2인 이상이 한다면 2주 정도의 풀보험 렌터카 예약을 해도 100만 원 정도에 유류비까지 더해도 150만 원 정도면 가능하다. 교통비를 상당히 줄일 수 있다는 사실을 알 수 있다.

확 줄어든 식비

대형마트에 들러 필요한 음식을 자동차에 실어 다니기 때문에 미리 먹을 것을 준비하여 다니는 식비 절감을 알게 된다. 하루에 점심이나 저녁 한 끼를 레스토랑에서 먹고 한 끼는 숙소에서 간단하게 요리를 해서 다니면 식비 절감에 도움이 된다.

소도시 여행이 가능

자동차 여행을 하는 여행자는 유럽여행을 2번 이상 다녀온 여행자가 대부분이다. 한 번 이상의 유럽여행을 하면 소도시 위주로 여행을 하고 싶은 생각을 하게 된다. 그런데 시간이 한정적인 직장인이나 학생, 가족단위의 여행자들은 소도시 여행이 쉽지 않다.

자동차로 소도시 여행은 더욱 쉽다. 도로가 복잡하지 않고 교통체증이 많지 않아 이동하는 피로도가 줄어든다. 그래서 자동차로 소도시 위주의 여행을 하는 여행자가 늘어난다. 처음에는 자동차로 운전하는 경우에 사고에 대한 부담이 크지만 점차 운전에 대한 위험부담은 줄어들고 대도시가 아니라 소도시 위주로 여행일정을 변경하기도 한다.

단점

자동차 여행 준비의 부담
처음 자동차 여행을 준비하는 사람에게는 큰 스트레스가 될 수 있다.

운전에 대한 부담
또한 기차 여행의 경우 이동 시간 동안 휴식이나 숙면을 취할 수 있지만 자동차 여행의 경우에는 본인이 운전을 해야하기 때문에 피로도가 증가할수 있다.

1인 자동차 여행자의 교통비 부담
또한 1인이 여행하는 경우에는 기차 여행에 비해서 더 많은 교통비가 들 수도 있으며 독특한 일정을 잡는 경우에 는 동행을 구하기 어렵다. 또한 운전에 필요한 수 많은 정보를 수집하고 정리하는 노력이 필요하며 렌트 비용에서 추가적으로 고속도로 통행료, 연료비, 주차비 등의 비용이 발생한다.

About 동유럽

동유럽(Eastern Europe)이란?

발트 해에서 발칸반도에 이르는 지역의 명칭이 동유럽Eastern Europe이다. 동유럽Eastern Europe이라는 이름은 동쪽에 있는 유럽이기도 하지만, 서유럽과 다른 문화를 가지고 있다는 의미도 내포하고 있다. 다르게 역사적인 관점으로 보면 오랫동안 유럽 전역을 지배했던 합스부르크 왕가의 지배를 받은 나라들이라는 공통점도 있다. 동유럽 국가들은 합스부르크 왕가의 문화 예술에 대한 관심이 높아서일까, 도도하면서도 우아한 매력이 넘치기도 하다.

역사적·정치적 관점

동유럽Eastern Europe이라는 단어의 개념은 지리적인 관점이 아니고 냉전시대에 서유럽과의 관계에 따라 역사적·정치적 관점에서 생겨나기도 했다. 따라서 지역적 범위도 일정하지 않고, 민족적·문화적·종교적 측면에서도 이질성이 강하다. 문화적인 통합을 이야기하는 것은 쉽지 않은 일이다.

역사적으로 제1차 세계대전 뒤, 동유럽Eastern Europe 각국이 독립하면서 작은 국가라는 공통된 인식을 갖게 되었다. 제2차 세계대전이 끝난 뒤 냉전시대가 시작되면서 소련이 주도하는 사회주의 체제로 이행했던 유럽의 국가들을 뜻하는 정치적 의미로 사용하고 있다. 1989년 이후 냉전이 종식되면서 정치적 의미의 동유럽은 소멸되고 현재는 지역적 개념만 남아있다. 폴란드·체코·슬로바키아·크로아티아·슬로베니아·마케도니아·몬테네그로·세르비아·보스니아–헤르체고비나·불가리아·헝가리·루마니아·알바니아 등이 동유럽 국가에 속한다.

유럽에서의 소외감

국가에 따라, 시대에 따라 동유럽이라는 단어는 사용되다가 사라지기도 하였다. 정치적으로는 제2차 세계대전 후, 냉전시대가 도래하면서 소련이 주도하는 사회주의 체제로 이행했던 유럽의 국가들을 뜻한다. 영국, 미국, 독일과 러시아간의 지역을 가리키기도 한다. 유럽대륙의 서유럽 국가에서는 독일보다 동쪽의 유럽지역을 가리키면서 경제적으로 발전된 국가를 지칭한다. 반대로 상대적으로 낙후된 동쪽의 유럽 국가를 낮춰서 부르는 단어로도 사용된다.

그래서 동유럽Eastern Europe 국가들과 인접한 오스트리아, 슬로베니아 등의 경제적으로 발전된 국가 자신은 스스로를 동유럽Eastern Europe이라고 인정하고 싶어 하지 않기 때문에 '중부유럽Center Europe'이라고 칭하는 경우가 많다. 최근에는 세계적으로 발트3국뿐만 아니라 우크라이나, 조지아, 몰도바도 동유럽에 포함시키는 경우가 많다.

대표적인 동유럽 국가

헝가리

헝가리는 동양인의 후예인 마자르 족이 세운 나라이다. 현재는 헝가리의 수도이자 합스부르크 왕가의 도시였던 부다페스트는 야경이 아름다운 도시로 유명하다.

헝가리는 동유럽 공산주의 국가들 중에서 가장 먼저 개방한 나라이다. 수도인 부다페스트는 도나우 강을 사이에 두고, 왕궁이 있는 부다 지역과 서민이 사는 페스트 지역으로 나뉘어져 있다. 헝가리를 건국한 7명의 어부 모습을 새긴 어부의 요새와 부다 왕궁에서 바라보는 도나우 강의 전망은 압권이다.

폴란드

폴란드에는 세계 문화유산으로 지정된 수도인 바르샤바만 있는 것이 아니다. 폴란드 하면 떠오르는 '피아노의 시인, 쇼팽', 발트 해의 아름다운 도시 그단스크, 코페르니쿠스가 태어난 도스, 토른, 브로츠와프, 포즈난, 중세시대에 수도역할을 한 크라쿠프까지 폴란드의 관광자원은 끝이 없다.

체코

천 년의 역사를 간직한 체코는 유럽 대륙의 중앙에 위치한 내륙국가로 수도인 프라하는 관광도시로 성장하고 있다. 남한보다 조금 작은 면적을 가진 체코는 최근에 급성장을 하면서 GDP 2만 달러를 넘는 국가로 성장하고 있다. 프라하 이외에 체스키크룸로프와 온천으로 유명한 카를로비바리, 맥주로 유명한 플젠, 모라비아 지방의 주도시인 올로모우츠 등 아름다운 도시들은 일일이 열거할 수 없을 정도이다.

슬로베니아, 크로아티아, 몬테네그로, 알바니아

20세기 초에 발칸반도에는 세르비아가 주도하는 유고슬라비아가 세워졌다. 제2차 세계대전 이후 사회주의 국가가 된 유고슬라비아 연방은 1980년대 말, 급격하게 몰락하면서 여러 나라로 분리가 되었다. 발칸 반도에서 20세기 말에 벌어진 유고 연방의 주축이었던 세르비아와 전쟁으로 얼룩졌지만 급속하게 전후 복구를 통해 이제는 관광대국으로 거듭나고 있다.

특히 슬로베니아는 GDP 2만 달러를 넘는 부국이 되었고 크로아티아는 발칸 반도에서 관광대국이 되어 성장을 거듭하고 있다. 작은 국가인 몬테네그로는 크로아티아를 잇는 관광국가로 알려지고 있다. 아직 우리에게 잘 알려지지 않은 알바니아는 최근에 민주화를 통해 경제 성장 동력을 관광객 유치를 통해 이루려고 한다.

동유럽을 꼭 가야 하는 이유

중세 문화

체코의 프라하는 해가 지는 시간에 카를교를 건너면 아름다운 일몰과 함께 추억을 만들 수 있을 것이다. 크라쿠프에서는 중앙광장의 리네크 글루프니를 돌아보고 중세 문화를 직접 느낄 수 있다. 발트 3국의 탈린, 리가, 빌뉴스와 헝가리의 부다페스트, 폴란드의 그단스크 같은 도시는 중세 문화유산으로 가득하다. 동유럽의 소도시에서는 아기자기한 마을에서 만나는 사람들 또한 순박하다.

환상적인 야경

체코 프라하, 헝가리 부다페스트, 폴란드 크라쿠프 등 동유럽은 서유럽의 야경과는 다른 옛 시절을 보는 야경이 관광객의 마음을 사로잡는다. 각 도시들의 다리를 건너면서 강을 건너면 황홀한 풍경에 사로잡힌다. 관광객의 마음을 빼앗아 가는 야경을 보는 기회를 잡아 보자.

굴곡의 역사

동유럽은 산업혁명의 흐름에 동참하지 못하고 시대에 뒤쳐져 서유럽의 발전을 지켜보면서 힘든 현대사를 살아왔다. 1945년 2차 세계대전 이후의 분할을 점령한 얄타 회담이 끝난 후 냉전의 소용돌이에서 소련의 지배를 받았다. 소련의 위성국가였던 발트 3국, 폴란드, 체코, 유고슬라비아까지 한동안 유럽여행에서 배제된 곳이 대부분이었다.

그런데 크로아티아가 유고슬라비아 연방에서 탈퇴하면서 시작된 전쟁이 끝나면서 아름다운 문화유산을 간직한 동유럽이 점점 사람들에게 알려지기 시작했다. 그리고 최근에는 중세 유럽의 문화를 간직한 동유럽만 따로 여행하는 관광객이 늘어나고 있다.

중세 문화축제

오랫동안 발전을 하지 못하고 살아온 동유럽 국가들은 중세 유럽의 문화를 간직하고 있다. 그래서 중세 문화축제를 동유럽 국가들마다 개최되고 있다. 가을 수확이 끝나는 9월부터 중세문화와 함께하는 축제를 경험하는 것도 동유럽 여행의 재미이다.

로마 가톨릭 VS 정교회

체코, 헝가리, 크로아티아, 슬로베니아 등의 나라들은 로마 가톨릭의 영향을 많이 받아 옛 성당이 오랜 시간동안 간직되어 왔다. 반대로 발트3국과 발칸반도의 국가들, 조지아는 정교회의 영향을 받았다. 같은 기독교 문화지만 다른 역사적 배경을 간직한 국가들의 기독교 문화를 비교할 수 있는 좋은 경험을 할 수 있다.

친절한 사람들

동유럽은 서유럽에 비해 가족 공동체를 중요하게 생각한다. 그래서 가족에 대한 애정이 남다르며 가족들이 함께 시간을 보내는 시간이 많다. 또한 그들의 마을에 사람들이 찾아오면 친절하게 맞이하면서 가족처럼 따뜻하게 대한다. 그들의 친절한 태도는 여행자를 감동시키고 다시 찾아오고 싶은 느낌을 받게 만들어준다. 그래서일까? 최근에 동유럽으로 장기 여행인 한 달 살기를 하는 여행자들이 많아지는 추세이다.

동유럽 여행 잘하는 방법

동유럽을 처음으로 여행하는 여행자들은 처음에 여행을 어떻게 할지 몰라 당황하는 경우가 많다. 하지만 동유럽의 도시들은 그리 크지 않기 때문에 여행할 때는 대부분 도시 안에서 여행하는 패턴이 있다. 그 방법을 처음에 숙지하고 여행을 하다보면 자연스럽게 여행의 패턴에 자신도 생겨나게 된다. 동유럽의 도시들을 여행하는 방법에 대해 알아보자.

1. 인포메이션 방문

목적지의 기차역이나 공항, 버스터미널에 도착하면 먼저 인포메이션 센터를 찾아가는 습관을 들이는 것이 좋다. 시내 지도를 받아 이동하는 방법을 문의할 수도 있고 가끔 축제나 행사가 있을 경우 관련 정보를 얻을 수 있다.

2. 숙소 찾아가기

숙소를 예약하지 않은 경우 당일이라도 부킹닷컴이나 에어비앤비에 숙소는 남아있으므로 걱정하지 말고 찾아보자. 아니면 관광안내소에서 YHA 등 저렴한 숙소를 물어보고, 찾아가는 방법도 문의할 수 있다. 야간 기차를 타고 다른 도시로 이동할 예정이라면 역 안에 있는 코인라커에 큰 배낭은 맡겨두고 필요한 짐만 가지고 가볍게 도시를 둘러볼 수 있다.

3. 광장에서 여행 시작

대도시를 제외하면 대부분의 동유럽 도시들은 도보로 여행이 충분히 가능하다. 마을 중심에 있는 광장에 도착해 도시의 거리를 중심으로 볼거리들이 보이게 된다. 지하철, 버스를 타고 관광지에 도착해 중앙역을 중심으로 여행을 하게 된다.

4. 현지인의 도움

최근에는 구글 지도를 이용해 목적지를 찾아가는 것이 어렵지 않게 되었다. 하지만 소도시에서 구글 지도에 표시가 안 되어 있는 곳도 있다. 그럴때는 현지에서 무료로 나누어주는 시내 지도와 가이드북을 보면 찾아가는 데 어려움이 없지만 잘 모를 경우에는 주저하지 말고 지나가는 현지인에게 물어보는 것이 가장 좋다. 물어보는 것을 창피하게 생각하지 말자.

5. 슈퍼마켓 위치 파악

유럽에서는 마트나 슈퍼가 우리나라처럼 흔하지 않으므로 물이나 간단한 먹거리는 눈에 보였다면 사 두는 것이 좋다. 아니면 숙소에 도착했을 때 가장 먼저 마트와 슈퍼를 프런트에 물어보고 들어가서 미리 물이나 필요한 물품을 사두는 것이 좋다. 우리나라처럼 늦게까지 하는 마트도 있지만 많지 않다. 같은 콜라나 물이라도 기차 안, 역전, 역 밖 등의 가격이 다 제각각인 점도 유의하자.

6. 골목길 다니기

너무 후미진 골목은 되도록 돌아다니지 않는 것이 좋다. 이유 없이 너무 친절을 베풀면 일단 경계를 하는 것이 좋다. 밤의 야경을 보러가는 것은 혼자보다는 숙소에서 만난 여행자들과 같이 어울려 다니는 것이 사진을 찍기도 좋고 안전하다.

유럽차에 한
자동행요
동여필
INFO

동유럽 여행 밑그림 그리기

우리는 여행으로 새로운 준비를 하거나 일탈을 꿈꾸기도 한다. 여행이 일반화되기도 했지만 아직도 여행을 두려워하는 분들이 많다. 유럽여행에서 특히 동유럽 여행자가 급증하고 있다. 몇 년 전부터 늘어난 동유럽의 체코, 프라하를 비롯해 크로아티아를 다녀온 여행자는 발트 3국과 폴란드, 헝가리 부다페스트, 아드리아 해의 몬테네그로로 눈길을 돌리고 있다. 그러나 어떻게 여행을 해야 할지부터 걱정을 하게 된다. 아직 정확한 자료가 부족하기 때문이다. 지금부터 동유럽의 여행을 쉽게 한눈에 정리하는 방법을 알아보자. 동유럽 여행준비는 절대 어렵지 않다. 단지 귀찮아 하지만 않으면 된다. 평소에 원하는 동유럽 여행을 가기로 결정했다면, 준비를 꼼꼼하게 하는 것이 중요하다.

일단 관심이 있는 사항을 적고 일정을 짜야 한다. 처음 해외여행을 떠난다면 동유럽 여행도 어떻게 준비할지 몰라 당황하게 된다. 먼저 어떻게 여행을 할지부터 결정해야 한다. 아무것도 모르겠고 준비를 하기 싫다면 패키지여행으로 가는 것이 좋다. 동유럽 여행은 주말을 포함해 7박9일, 9박11일 여행이 가장 일반적이다. 해외여행이라고 이것저것 많은 것을 보려고 하는 데 힘만 들고 남는 게 없는 여행이 될 수도 있으니 욕심을 버리고 준비하는 게 좋다. 여행은 보는 것도 중요하지만 같이 가는 여행의 일원과 같이 잊지 못할 추억을 만드는 것이 더 중요하다.

다음을 보고 전체적인 여행의 밑그림을 그려보자.

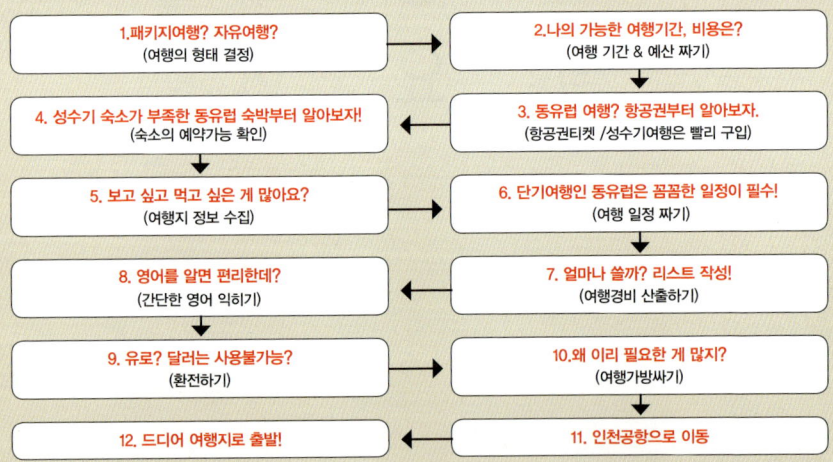

결정을 했으면 일단 항공권을 구하는 것이 가장 중요하다. 전체 여행경비에서 항공료와 숙박이 차지하는 비중이 가장 크지만 너무 몰라서 낭패를 보는 경우가 많다. 평일이 저렴하고 주말은 비쌀 수밖에 없다. 항공료, 숙박, 현지경비 등 사전에 확인을 하고 출발하는 것이 문제를 발생시키지 않는 방법이다.

패키지여행 VS 자유여행

대한민국에서 유럽여행은 누구나 가고 싶은 여행지이다. 그 중에서 최근에 동유럽으로 여행을 가려는 여행자가 늘어나고 있다. 대한민국의 여행자는 런던, 파리, 프랑크푸르트에 집중되어 상대적으로 동유럽에는 한국인 관광객이 많지 않다. 그래서 더욱 누구나 고민하는 것은 여행정보는 어떻게 구하지? 라는 질문이다. 그만큼 동유럽의 프라하, 잘츠부르크를 제외한 작은 도시에 대한 정보가 매우 부족한 상황이다. 그래서 처음으로 동유럽을 여행하는 여행자들은 패키지여행을 선호하거나 여행을 포기하는 경우가 많았다. 20~30대 여행자들이 늘어남에 따라 패키지보다 자유여행을 선호하고 있다.

발트 3국이나 폴란드를 여행하고 이어서 오스트리아, 헝가리, 슬로베니아, 크로아티아로 여행을 다녀오는 경우도 상당히 많다. 발트3국부터 남유럽의 발칸반도의 슬로베니아, 크로아티아만의 3주 여행이나, 발칸반도의 슬로베니아, 크로아티아만의 1~2주일의 여행 등 새로운 형태의 여행이 늘어나고 있다. 20대의 젊은 여행자들은 호스텔을 이용하여 친구들과 여행을 즐기는 경우도 있다.

편안하게 다녀오고 싶다면 패키지여행

동유럽이 뜬다고 하니 여행을 가고 싶은데 정보가 없고 나이도 있어서 무작정 떠나는 것이 어려운 여행자들은 편안하게 다녀올 수 있는 패키지여행을 선호한다. 다만 아직까지 동유럽의 소도시까지는 많이 가는 여행지는 아니다 보니 패키지 상품의 가격이 저렴하지는 않다. 여행일정과 숙소까지 다 안내하니 몸만 떠나면 된다.

연인끼리, 친구끼리, 가족여행은 자유여행 선호

2주정도의 긴 여행이나 젊은 여행자들은 패키지여행을 선호하지 않는다. 특히 여행을 몇 번 다녀온 여행자는 동유럽에서 자신이 원하는 관광지와 맛집을 찾아서 다녀오고 싶어 한다. 여행지에서 원하는 것이 바뀌고 여유롭게 이동하며 보고 싶고 먹고 싶은 것을 마음대로 찾아가는 연인, 친구, 가족의 여행은 단연 자유여행이 제격이다.

동유럽 여행 물가

동유럽 여행의 가장 큰 장점은 저렴한 물가이다. 동유럽 여행에서 큰 비중을 차지하는 것은 항공권과 숙박비이다. 항공권은 대한항공, 아시아나 항공 같은 국적기나 폴란드, 체코 항공이 직항으로 동유럽의 바르샤바, 프라하, 자그레브 등까지 가는 항공을 저렴하게 구할 수 있다면 버스나 기차를 타면서 동유럽 여행을 할 수 있다. 숙박은 저렴한 호스텔이 원화로 10,000원대부터 있어서 항공권만 빨리 구입해 저렴하다면 숙박비는 큰 비용이 들지는 않는다. 하지만 좋은 호텔에서 머물고 싶다면 더 비싼 비용이 들겠지만 호텔의 비용은 저렴한 편이다.

▶ 왕복 항공료_ 68~168만원
▶ 버스, 기차_ 3~10만원
▶ 숙박비(1박)_ 1~10만 원
▶ 한 끼 식사_ 2천~4만 원
▶ 입장료_ 2천 7백 원~3만 원

구분	세부 품목	7박9일	9박11일
항공권	루프트한자, 대한항공	680,000~1,680,000	
택시, 버스, 기차	택시, 버스, 기차	약 4,000~30,000원	
숙박비	호스텔, 호텔, 아파트	300,000~1,200,000원	500,000~1,600,000원
식사비	한 끼	5,000~30,000원	
시내교통	택시, 우버	2,000~30,000원	
입장료	박물관 등 각종 입장료	2,000~8,000원	
		약 1,270,000원~	약 1,790,000원~

동유럽 여행 계획 짜기

1. 주중 or 주말
동유럽 여행도 일반적인 여행처럼 비수기와 성수기가 있고 요금도 차이가 난다. 7~8월의 성수기를 제외하면 항공과 숙박요금도 차이가 있다. 비수기나 주중에는 할인 혜택이 있어 저렴한 비용으로 조용하고 쾌적한 여행을 할 수 있다. 주말과 국경일을 비롯해 여름 성수기에는 항상 관광객으로 붐빈다. 황금연휴나 여름 휴가철 성수기에는 항공권이 매진되는 경우가 허다하다.

2. 여행기간
동유럽 여행을 안 했다면 "폴란드, 발트3국, 몬테네그로가 어디야?"라는 말을 할 수 있다. 하지만 일반적인 여행기간인 7박9일의 여행일정으로는 다 못 보는 지역이 동유럽이다. 동유럽 여행은 대부분 7박9일~9박11일이 많지만 동유럽의 깊숙한 면까지 보고 싶다면 2주일 여행은 가야 한다.

3. 숙박
성수기가 아니라면 동유럽 여행의 숙박은 저렴하다는 점이다. 숙박비는 저렴하고 가격에 비해 시설은 좋다. 주말이나 숙소는 예약이 완료된다. 특히 여름 성수기에는 숙박은 미리 예약을 해야 문제가 발생하지 않는다. 소도시로 가면 당일에도 숙소가 있지만 만일을 대비하는 것이 필요하다.

4. 어떻게 여행 계획을 짤까?
먼저 여행일정을 정하고 항공권과 숙박을 예약해야 한다. 여행기간을 정할 때 얼마 남지 않은 일정으로 계획하면 항공권과 숙박비는 비쌀 수밖에 없다. 특히 동유럽처럼 뜨는 여행지역은 항공료가 상승한다. 최대한 저렴하게 구입하는 방법을 찾아야 한다. 숙박시설도 호스텔로 정하면 비용이 저렴하게 지낼 수 있다. 유심을 구입해 관광지를 모를 때 구글맵을 사용하면 쉽게 찾을 수 있다.

5. 식사
동유럽 여행의 가장 큰 장점은 물가가 저렴하다는 점이다. 그렇지만 고급 레스토랑은 동유럽도 비싼 편이다. 한 끼 식사는 하루에 한번은 비싸더라도 제대로 식사를 하고 한번은 동유럽 사람들처럼 저렴하게 한 끼 식사를 하면 적당하다. 시내의 관광지는 거의 걸어서 다닐 수 있기 때문에 투어비용은 도시를 벗어난 투어를 갈 때만 교통비가 추가된다.

동유럽 추천 여행 코스

1. 오스트리아 - 슬로베니아

동유럽 여행을 하기 위해서 폴란드나 체코로 입국하지 않고 프랑크푸르트로 IN하는 경우가 많다. 프랑크푸르트 항공노선은 다양하여 저렴한 항공권이 나올 가능성이 높기 때문이다. 프랑스푸르트에서 오스트리아의 잘츠부르크로 이동하여 할슈타트와 소도시를 여행하고 슬로베니아로 이동하는 여행코스도 이동시간을 줄이면서 여행하는 좋은 방법이다.

2. 체코 - 오스트리아

체코의 프라하로 입국하여 남부의 체스키크룸로프를 여행하고 오스트리아의 잘츠부르크, 할슈타트, 빈을 여행하고 다시 체코로 돌아가는 여행코스로 자신의 일정에 맞추어 프라하에서 카를로비 바리, 플젠 등의 도시를 더 여행하면 체코와 오스트리아를 여행하는 코스를 쉽게 계획할 수 있다.

3. 크로아티아 - 슬로베니아

대한항공 직항을 타고 크로아티아의 자그레브로 입국한다면 남쪽의 크로아티아 도시를 향해 이동하지 않고 슬로베니아의 류블랴나, 포스토이나 동굴, 피란 등을 먼저 여행한다. 크로이타아의 이스트라 반도에 있는 풀라 같은 도시를 여행하는 것도 좋은 방법이다.
플리트비체 국립공원, 라스토케, 자다르, 스플리트, 두브로브니크를 이어서 여행하는 여행 코스가 가장 여행자들이 많이 여행하는 코스이다. 아드리아 해를 더 여행하고 싶다면 크로아티아 남쪽의 몬테네그로와 알바니아까지 여행하기도 한다.

동유럽 자동차 여행을 계획하는 방법

1. 항공편의 In / Out과 주당 편수를 알아보자.

입·출국하는 도시를 고려하여 여행의 시작과 끝을 정해야 한다. 항공사는 매일 취항하지 않는 경우가 많기 때문에 날짜를 무조건 정하면 낭패를 보기 쉽다. 따라서 항공사의 일정에 맞춰 총 여행 기간을 정하고 도시를 맞춰봐야 한다. 가장 쉽게 맞출 수 있는 일정은 1주, 2주로 주 단위로 계획하는 것이다. 동유럽은 대부분 독일의 프랑크푸르트, 폴란드의 바르샤바, 체코의 프라하로 입국하는 것이 동선 상에서 효과적이다.

2. 동유럽 지도를 보고 계획하자.

동유럽을 방문하는 여행자들 중 유럽 여행이 처음인 여행자도 있고, 이미 경험한 여행자들도 있을 것이다. 누구라도 생소한 동유럽을 처음 간다면 어떻게 여행해야 할지 일정 짜기가 막막할 것이다.

기대를 가지면서도 두려움도 함께 가지고 있다. 일정을 짤 때 가장 먼저 정해야 할 것은 입국할 도시를 결정하는 것이다. 동유럽 여행이 처음인 경우에는 동유럽 지도를 보고 도시들이 어떻게 연결되어 있는지 알아두는 것이 좋다.

일정을 직접 계획하기 위해서는 다음의 3가지를 꼭 기억 해두자.

① 지도를 보고 도시들의 위치를 파악하자.
② 도시 간 이동할 수 있는 도로가 있는지 파악하자.
③ 추천 루트를 보고 일정별로 계획된 루트에 자신이 가고 싶은 도시를 끼워 넣자.

3. 가고 싶은 도시를 지도에 형광펜으로 표시하자.

일정을 짤 때 정답은 없다. 제시된 일정이 본인에게는 무의미할 때도 많다. 자동차로 가기 쉬운 도시를 보면서 좀 더 경제적이고 효과적으로 여행할 방법을 생각해 보고, 여행 기간에 맞는 3~4개의 루트를 만들어서 가장 자신에게 맞는 루트를 정하면 된다.

> ① 도시들을 지도 위에 표시한다.
> ② 여러 가지 선으로 이어 가장 효과적인 동선을 직접 생각해본다.

4. '점'이 아니라 '선'을 따라가는 여행이라는 차이를 이해하자.

동유럽 자동차 여행 강의나 개인적으로 질문하는 대다수가 여행일정을 어떻게 짜야할지 막막하다는 물음이었다. 해외여행을 몇 번씩 하고 여행에 자신이 있다고 생각한 여행자들이 동유럽을 자동차로 여행하면서 자신만만하게 준비하다가 실수를 하는 경우가 많다.

예를 들어 우리가 유럽여행에서 런던에 도착을 했다면 3~5일 정도 런던의 숙소에서 머무르면서 런던을 둘러보고 다음 도시로 이동을 한다. 하지만 동유럽 자동차 여행은 대부분 도로를 따라 이동하기 때문에 자신이 이동하려는 지점을 정하여 일정을 계획해야 한다. 다시 말해 유럽은 각 도시를 점으로 생각하고 점을 이어서 여행 계획을 만들어야 한다면, 자동차 여행은 도시가 중요하지 않고 이동거리(㎞)를 계산하여 여행계획을 짜야 한다.

> ① 이동하는 지점마다 이동거리를 표시하고
> ② 여행 총 기간을 참고해 자신이 동유럽의 여행 기간이 길면 다른 관광지를 추가하거나 이동거리를 줄여서 여행한다고 생각하여 일정을 만들면 쉽게 여행계획이 만들어진다.

동유럽 자동차 여행 잘하는 방법

> **출발전**

1. 동유럽 지도를 놓고 여행코스와 여행 기간을 결정한다.

동유럽을 여행한다면 어느 나라를 어느 정도의 기간 동안 여행할지 먼저 결정해야 한다. 사전에 결정도 하지 않고 렌터카를 예약할 수는 없다. 그러므로 사전에 미리 동유럽 지도를 보면서 여행코스와 기간을 결정하고 나서 항공권부터 예약을 시작하면 된다.

2. 기간이 정해지면 IN / OUT 도시를 결정하고 항공권을 예약한다.

기간이 정해지고 어느 도시로 입국을 할지 결정하고 나서 항공권을 찾아야 한다. 항공권은 여름 여행이면 3월 초부터 말까지 구입하는 것이 가장 저렴하다.
겨울이라면 9월 초부터 말까지가 가장 저렴하다. 또한 60일 전에는 항공기 티켓을 구입하는 것이 항공기 비용을 줄이는 방법이다. 아무리 렌터카 비용을 줄인다 해도 항공기 비용이 비싸다면 여행경비를 줄일 수 있는 방법은 없게 된다.

3. 항공권을 결정하면 렌터카를 예약해야 한다.

렌터카를 예약할 때 글로벌 렌터카 회사로 예약을 할지 로컬 렌터카 회사로 예약을 할지 결정해야 한다. 안전하고 편리함을 원한다면 당연히 글로벌 렌터카 회사로 결정해야 하지만 짧은 기간에 1개 나라 정도만 렌터카를 한다면 로컬 렌터카 회사도 많이 이용한다. 특히 동유럽은 도시를 이동하는 기차가 없는 나라도 있고 버스가 발달한 나라가 많아서 렌터카로 여행하는 것이 더 효율적일 경우가 많다. 대표적인 나라가 크로아티아와 슬로베니아, 발트3국, 폴란드 등이다.

4. 유로는 사전에 소액은 준비해야 한다.

공항에서 시내로 이동하려고 할 때 렌터카로 이동하면 상관없지만 도시를 이동한다면 고속도로를 이용할 수 있다. 고속도로를 이용한다면 통행료나 휴게소 이용할 때 현금을 이용해야 할 때가 있으니 사전에 미리 준비해 놓자.

> 공항에 도착 후

1. 심Sim카드를 가장 먼저 구입해야 한다.

공항에서 차량을 픽업해도 자동차 여행에서 가장 중요한 것은 스마트폰이다. 스마트폰은 네비게이션 역할도 하지만 응급 상황에서 다양하게 통화를 해야 할 수도 있다. 그래서 차량을 픽업하기 전에 미리 심Sim카드를 구입하고 확인한 다음 차량을 픽업하는 것이 순서이다.

심(Sim)카드

동유럽뿐만 아니라 유럽 전체 나라에 상관없이 이용할 수 있는 심(Sim)카드는 보다폰(Vodafone)이 가장 널리 이용되고 있다. 2인 이상이 같이 여행을 한다면 2명 모두 심카드를 이용해 같이 구글 맵을 이용하는 것이 전파가 안 잡히는 지역에서 문제해결에 도움이 된다.

2. 공항에서 자동차의 픽업까지가 1차 관문이다.

최근에 자동차 여행자가 늘어나면서 각 공항에서는 렌터카 업체들이 공동으로 모여 있는 장소가 있다. 프랑크푸르트, 체코 프라하, 폴란드 바르샤바까지 모두 자동차 여행을 위해 공동의 장소에서 렌터카 서비스를 원스톱 서비스를 지원하고 있다. 그러므로 어디로 이동할지 확인하고 사전에 예약한 서류와 신용카드, 여권, 국제 운전면허증, 국내 운전면허증을 확인해야 한다.

3. 보험은 철저히 확인한다.

독일의 프랑크푸르트나 뮌헨에서 렌터카를 픽업해서 동유럽을 여행한다면 사전에 어디를 얼마의 기간 동안 여행할지 직원은 질문을 하게 된다.
이때 정확하게 알려준다면 직원이 사전에 사고 시 안전하게 도움을 받을 수 있는 보험을 제안하게 된다. 그렇게 되면 사고가 나더라도 보험으로 수습할 수 있어 큰 문제가 발생하지 않는다.

4. 차량을 픽업하게 되면 직원과 같이 차량을 꼼꼼하게 확인한다.

차량을 받게 되면 직원이 차량의 상태를 잘 알려주고 확인을 하지만 간혹 바쁘거나 그냥 건너뛰려는 경우가 있다. 그럴 때는 직접 사전에 꼼꼼하게 확인을 하고 픽업하는 것이 좋다. 또한 프랑크푸르트 공항에서는 지하로 가서 혼자서 차량을 받을 때도 있다. 그렇다면 처음 차량을 받아서 동영상이나 사진으로 차량의 전체를 찍어 놓고 의심이 가는 곳은 정확하게 찍어서 반납 시에 활용하는 것이 좋다.

5. 공항에서 첫날 숙소까지 정보를 갖고 출발하자.

차량을 인도받아서 숙소로 이동할 때 사전에 위치를 확인하고 출발해야 한다. 구글 지도나 네비게이션이 있다면 네비게이션에서 위치를 확인하자. 도로를 확인하고 출발하면서 긴장하지 말고 천천히 이동하는 것이 좋다. 급하게 긴장을 하다보면 사고로 이어질 수 있으니 조심하자. 또한 도시로 진입하는 시간이 출, 퇴근 시간이라면 그 시간에는 쉬었다가 차량이 많지 않은 시간에 이동하는 것이 첫날 운전이 수월하다.

자동차 여행 중

1. '관광지 한 곳만 더 보자는 생각'은 금물

유럽여행은 쉽게 갈 수 있는 해외여행지가 아니다. 그래서 한번 오는 동유럽 여행이라고 너무 많은 여행지를 보려고 하면 피로가 쌓이고 사고로 이어질 수 있으므로 잠은 충분히 자고 안전하게 이동하는 것이 중요하다. 또한 운전 중에도 졸리면 쉬었다가 이동하도록 해야 한다.

쉬운 말처럼 들릴 수 있지만 의외로 운전 중에 쉬지 않고 이동하는 운전자가 상당히 많다. 피로가 쌓이고 이동만 많이 하는 여행은 만족스럽지 않다. 자신에게 주어진 휴가기간 만큼 행복한 여행이 되도록 여유롭게 여행하는 것이 좋다. 서둘러 보다가 지갑도 잃어버리고 여권도 잃어버리기 쉽다. 허둥지둥 다닌다고 한 번에 다 볼 수 있지도 않으니 한 곳을 덜 보겠다는 심정으로 여행한다면 오히려 더 여유롭게 여행을 하고 만족도도 더 높을 것이다.

2. 아는 만큼 보이고 준비한 만큼 만족도가 높다.

동유럽의 많은 나라와 도시의 관광지는 역사와 관련이 있다. 그런데 아무런 정보 없이 본다면 재미도 없고 본 관광지는 아무 의미 없는 장소가 되기 쉽다. 사전에 동유럽에 대한 정보는 습득하고 여행을 떠나는 것이 준비도 하게 되고 아는 만큼 만족도가 높은 여행이 될 것이다.

3. 감정에 대해 관대해져야 한다.

자동차 여행은 주차나 운전 중에 스트레스를 받을 수 있다. 난데없이 차량이 끼어들기를 한다든지, 길을 몰라서 이동 중에 한참을 헤매다 보면 자신이 당혹감을 받을 수 있다. 그럴 때마다 감정통제가 안 되어 화를 계속 내고 있으면 자동차 여행이 고생이 되는 여행이 된다. 그러므로 따질 것은 따지되 소리를 지르면서 따지지 말고 정확하게 설명하도록 하자.

동유럽 렌트카 예약하기

글로벌 업체 식스트(SixT)

1

식스트 홈페이지(www.sixt.co.kr)로 들어간다.

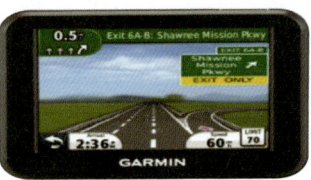

2

좌측에 보면 해외예약이 있다. 해외예약을 클릭한다.

3

렌트카 예약하기 Car Reservation 에서 여행 날짜별, 장소별로 정해서 선택하고 밑의 가격계산 Calculate price 를 클릭한다.

4

차량을 선택하라고 나온다. 이때 세 번째 알파벳이 'M'이면 수동이고 'A'이면 오토(자동)이다. 우리나라 사람들은 대부분 오토를 선택한다. 차량에 마우스를 대면 차량선택 Select Vehicle 이 나오는데 클릭을 한다.

5

차량에 대한 보험을 선택하라고 나오면 보험금액을 보고 선택한다.

6

'Pay upon arrival'은 현지에서 차량을 받을 때 결재한다는 말이고, 'Pay now online'은 바로 결재한다는 말이니 본인이 원하는 대로 선택하면 된다.

이때 온라인으로 결재하면 5%정도 싸지지만 취소할때는 3일치의 렌트비를 떼고 환불을 받을 수 있다는 것도 알고 선택하자. 다 선택하면 비율 및 추가 허용 Accept rate and extras을 클릭하고 넘어간다.

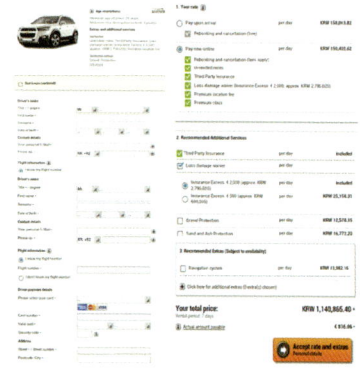

7

세부적인 결재정보를 입력하는데 *가 나와있는 부분만 입력하고 밑의 지금 예약 Book now을 클릭하면 예약번호가 나온다.

8

예약번호와 가격을 확인하고 인쇄해 가거나 예약번호를 적어가면 된다.

9

이제 다 끝났다. 현지에서 잘 확인하고 차량을 인수하면 된다.

가민 내비게이션의 장단점

렌터카보다 중요한 것이 내비게이션을 가지고 가는 것이다. 해외에서 쓰는 가민 내비게이션의 한국어 버전은 우리나라에서 빌려서 가져가야 한다. 현지의 가민 내비게이션은 영어로 되어 있고, 빌리는 데에도 하루에 1만 원 정도의 비용이 발생한다.

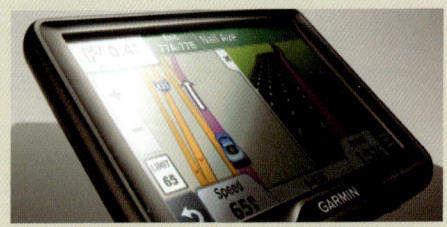

장점
① 유럽 전역의 지도가 있다.
② 과속 카메라를 잡아준다.
③ 가민 프로그램를 깔면 한글명칭으로 주소를 정리해준다. 미리 가민 내비게이션 즐겨찾기에 이동할 장소를 넣어두면 한글로 나오기 때문에 사용이 수월하다.

단점
① 주소로 검색이 어렵다. GPS 좌표로 찾아야 정확하게 이동이 가능하다.
② 강압식 터치 방식이라 꾹꾹 눌러서 손가락으로 찍어야 한다. 스마트폰처럼 화면을 크게 만들지 못한다.
③ 화면이 5인치로 작다.

 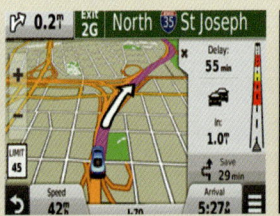 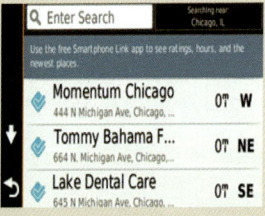

가민내비게이션 사용방법

1. 전원을 켜면 'Where To?'와 'View Map'의 시작화면이 보인다.

2. 'Where To?'를 선택하면, 위치를 찾는 여러 방법이 뜬다.

- **Address** : street 이름과 번지로 찾기 때문에, 주소를 정확히 알 때 사용
- **Points of interest** : 관광지, 숙소, 레스토랑 등 현 위치에서 가까운 곳 위주로 검색할 때 좋다.
- **Cities** : 도시를 찾을 때
- **Coordinates** : 위도와 경도를 알 때 사용하며, 가장 정확하다.

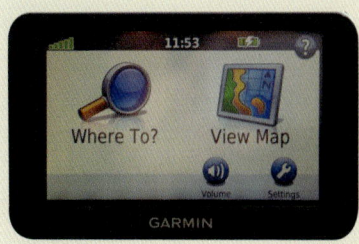

3. 위치를 찾으면 바로 갈지(go), Favoites에 저장(save)해 놓을지를 정하면 된다. 바로 간다면 그냥 go를 눌러도 되지만, 위치를 한 번 클릭해준 후 (이때 위치 다시 확인) go를 눌러도 안내가 시작된다.
   Save를 선택하면 그 위치가 다시 한 번 뜨고, 이름을 입력할 수 있다. 이 내용이 두 번째 화면의 Favorites에 저장되고, 즐겨찾기처럼 시작화면의 Favorites를 클릭하면 언제든지 확인할 수 있다.

우리나라 내비게이션과 다른 점

※전체 노선을 보기가 어렵다. 일단 길찾기를 시작하면, 화면을 옆으로 미끄러지듯 터치하면 대략의 노선을 보여주지만, 바로 근처의 노선만 확인할 수 있다.

※우리나라 내비게이션처럼 1km, 500m, 200m앞 좌회전. 이런 식으로 반복해서 안내하지 않으므로 대략적 노선과 길 번호 정도를 알아두면 좋다.

※Favorites를 활용하여 이미 정해진 숙소나 갈 곳은 미리 입력해놓고(address나 coordinates를 이용), 그때그때 cities, points of interest를 사용하여 검색하면 거의 못 찾는 것이 없다. 또 스페인 지도는 테마별로 잘 만들어져 있어서 인포메이션이나 호스텔, 렌터카 회사 등에서 지도를 구하면 지도만 보고도 운전할 수 있을 정도로 도로정비와 표지판이 정확하다. 걱정하지 말자.

렌트카 영업소 찾기

동유럽을 여행하면서 입국할 수 있는 많은 나라들이 있지만 많은 관광객이 독일의 프랑크푸르트나 체코를 통해서 입국하고 있다. 개인적으로 입국을 추천하는 나라는 크로아티아이다. 크로아티아는 도시를 이동하는 버스들이 잘 발달이 되어 있지 않기 때문에 렌트카로 여행할 수 있는 좋은 조건을 가지고 있다. 프랑크푸르트는 항공노선이 많아서 저렴한 항공노선을 찾기가 좋은 장점이 있다. 체코는 동유럽 여행일정을 계획하기 좋다. 다행히 체코는 공항이 크지 않아서 공항에 있는 렌트카 영업소를 찾는 것이 쉽다.

유럽의 공항들은 최근에 렌트카를 빌려서 유럽을 여행하는 자동차 여행이 늘어남에 따라 렌트카 안내판을 따라가면 어렵지 않게 렌트카 회사들이 모여 있는 영업소를 어렵지 않게 찾을 수 있다.

프랑크푸르트 공항에서 입국심사를 하고 짐을 찾으면 큰 공항의 규모에 놀라서 어디로 갈지 모르겠다는 이야기를 한다. 공항이 커도 누구나 잘 찾아가도록 해 놓았기 때문에 당황하지 말자. A 출구를 따라 가면 렌트카 영업소가 모여 있는 카렌탈 Car Rental 표지판이 보인다. 걷는 거리가 조금 멀지만 계속 따라가면 나올 것이다.

Eastern Europe Travel with Car

크로아티아는 공항에서 픽업을 하기도 하지만 시내에서 픽업을 해도 찾아가기가 쉽다. 자그레브 공항은 작기 때문에 공항에서 짐을 찾아 나오면 왼쪽에서 찾을 수 있다.

시내 영업소는 수도인 자그레브가 파노라마 호텔 건물에 영업소가 있으며, 두브로브니크는 성곽 밖에 나오면 있는 힐튼 호텔에 영업소가 있으므로 시내에서 멀지 않고 유명호텔과 같이 있어 영업소를 찾기가 쉽다.

렌트카 픽업할 때 나누는 주요 대화들
업그레이드
어떤 렌트카를 예약하여 영업소를 가도 업그레이드는 권유하게 되어 있다. 작은 비용이지만 좋은 차량으로 업그레이드를 할 수 있다고 권유한다. 그러면서 팜플렛을 보여주고 어떤 직원은 집요하게 업그레이드를 하라고 하지만 직원들의 매출을 올리기 위한 영업이므로 당황하지 않아도 된다. 대부분의 고객들은 관심이 없기 때문에 "No, Thanks"라고 말하면 된다. 영어를 못 알아듣고 무료 업그레이드라고 지레 짐작하고 차량을 사용하고 나서 나중에 신용카드에 청구된 금액에 다르고 Upgrade Charge로 써 있다면, 직원을 욕하기도 하지만 대부분은 영어를 못 알아들은 고객이 대부분이다.

자동차 보험
렌트카를 예약하면서 자동차 보험의 금액이 1일이면 작지만 15일 이상만 되도 상당히 높을 수 있다. 이때 최소한의 보장 범위로 예약을 하는 경우도 많지만 나중에 사고가 발생할 경우 보험료를 아끼려다가 낭패를 볼 수 있으므로 보험료를 아까워하지 않는 것이 좋다.

슈퍼커버와 개인상해보험은 필수적인 항목이고 추가적으로 Full Charge로 보험을 가입하도록 하자. 특히 동유럽의 발칸반도는 도난도 발생하고 도로도 상대적으로 열악하므로 영업소에서 권유하는 보험에 가입하는 것을 추천한다.

여행국가

프랑크푸르트에서 차량을 렌트하면 15일만 넘어도 여행하는 국가를 질문하고 문서에 적어놓는다. 직원은 반드시 여행 국가를 확인하고 추후에 발생하는 사고나 입국금지 국가에 대해서도 알려주어야 하기 때문이다. 혹시 비용이 비싸질까 걱정하고 정확하게 알려주지 않으면 나중에 발생하는 문제에 렌트카 회사는 해결하는데 시간이 더 소요되고 추가 비용도 발생하게 된다.

긴급 서비스

자동차로 여행하는 것은 편리하고 기동성이 높아서 여행의 만족도가 높지만 차량에 키를 넣고서 차량 문을 잠그기도 하고, 유리가 깨지고 발생하는 도난사고도 있다. 차량의 밧데리가 방전되는 경우와 차량의 유리 손상이 가장 많은 긴급서비스 호출이다. 반드시 전화번호를 확인하고 핸드폰의 카메라로 찍어두는 것이 좋다.

교통 표지판

각 나라의 글자는 달라도 부호는 같다. 도로 표지판에 쓰인 교통표지판은 전 세계를 통일시켜놓아서 큰 문제가 생기지 않는다. 그래서 표지판을 잘 보고 운전해야 한다.

자동차 여행 준비 서류

국제 운전면허증, 국내 운전면허증, 여권, 신용카드

국제운전면허증

도로교통에 관한 국제협약에 의거해 일시적으로 외국여행을 할 때 여행지에서 운전할 수 있도록 발급되는 국제 운전 면허증으로 발급일로부터 1년간 운전이 가능하다. 전국운전면허시험장이나 경찰서에서 발급할 수 있다. 발급 시간은 1시간 이내지만 최근에는 10분 이내로 발급되는 경우가 많다.

▶준비물 : 본인 여권, 운전면허증, 사진 1매 (여권용 혹은 칼라반명함판)
▶비용 : 8,500원

차량 인도할 때 확인할 사항

차량 확인

렌터카를 인수하는 경우, 꼼꼼하게 1. **차량의 긁힘 같은 상태를 확인**하는 것은 기본적인 사항이다. 최근에는 차량을 인도 받으면 동영상으로 차량의 모습을 가까이에서 찍어 놓으면 나중에 활용이 가능하다. 차체 옆면은 앞이나 뒤에서 비스듬하게 빛을 비추어보면 파손된 부분이 확인된다. 타이어는 2. **옆면에 긁힘을 확인**하여 타이어 손상에 대비해야 한다. 차량의 3. **유리가 금이 가 있는지 확인**해야 한다. 마지막으로 4. **비상 장비인 예비타이어와 삼각대, 경광봉 등이 있는지 확인**해야 한다.

차량 내부

연료가 다 채워져 있는지 확인하고 주행 거리를 처음에 확인해야 한다. 차량의 내부는 크게 부서진 부분을 확인할 사항은 없지만 청소 상태와 운전할 때의 주의사항은 설명을 듣고 운전을 시작하는 것이 안전하다. 로컬 업체에 예약을 하고 인도하는 경우에는 문제가 있다고 생각 되면 차량 인도전에 확인을 하고 처리를 받고 출발해야 안전하다.

연료

비슷한 모양의 차량이라도 휘발유와 경유가 다르기 때문에 차량 인도 시 연료를 꼭 확인해야 한다. 연비적인 측면에서 경유가 유리하다.

주행 거리

차량의 주행거리를 확인하는 것은 이 차량이 오래된 차량인지 최신 차량인지를 알 수 있는 기본적인 정보이다. 특히 로컬 렌터카 업체에서 예약을 하면 오래된 구식 차량을 인도받을 경우가 많기 때문에 차량의 상태를 확인하는 것이 좋다. 허츠(Hertz)나 식스트(Sixt) 같은 글로벌 렌터카는 구식차량보다는 최근의 차량을 많이 이용하고 있으므로 구식 차량일 경우는 많지 않다. 또한 오래된 차량이면 교체를 해 달라고 요청해도 된다. 대부분 주행거리가 무제한이므로 문제가 되지는 않는다. 무제한이 아닌 경우가 있기 때문에 예약을 할 때 확인하는 것이 좋다.

해외 렌트보험

■ 자차보험 | CDW(Collision Damage Waiver)
운전자로부터 발생한 렌트 차량의 손상에 대한 책임을 공제해 주는 보험이다.(단, 액세서리 및 플렛 타이어, 네이게이션, 차량 키 등에 대한 분실 손상은 차량 대여자 부담)
CDW에 가입되어 있더라도 사고시 차량에 손상이 발생할 경우 임차인에게 '일정 한도 내의 고객책임 금액CDW NON-WAIVABLE EXCESS'이 적용된다.

■ 대인/대물보험 | LI(LIABILITY)
유럽렌트카에서는 임차요금에 대인대물 책임보험이 포함되어 있다. 최대 손상한도는 무제한이다. 해당 보험은 렌터카 이용 규정에 따라 적용되어 계약사항 위반 시 보상 받을 수 없다.

■ 도난보험 | TP(THEFT PROTECTION)
차량/부품/악세서리 절도, 절도미수, 고의적 파손으로 인한 차량의 손실 및 손상에 대한 재정적 책임을 경감해주는 보험이다. 사전 예약 없이 현지에서 임차하는 경우, TP가입 비용이 추가 되는 경우가 많다. TP에 가입되어 있더라도 사고 시 차량에 손상이 발생할 경우 임차인에게 '일정 한도 내의 고객책임 금액TP NON-WAIVABLE EXCESS'이 적용된다.

■ 슈퍼 임차차량 손실면책 보험 | SCDW(SUPER COVER)
일정 한도 내의 고객책임 금액(CDW NON-WAIVABLE EXCESS)'와 'TP NON-WAIVABLE EXCESS'를 면책해주는 보험이다.
슈퍼커버SUPER COVER보험은 절도 및 고의적 파손으로 인한 임차차량 손실 등 모든 손실에 대해 적용된다. 슈퍼커버보험이 적용되지 않는 경우는 차량 열쇠 분실 및 파손, 혼유사고, 네이베이션 및 인테리어이다. 현지에서 임차계약서 작성 시 슈퍼커버보험을 선택, 가입할 수 있다.

■ 자손보험 | PAI(Personal Accident Insurance)
사고 발생시, 운전자(임차인) 및 대여 차량에 탑승하고 있던 동승자의 상해로 발생한 사고 의료비, 사망금, 구급차 이용비용 등의 항목으로 보상받을 수 있는 보험이다.
유럽의 경우 최대 40,000유로까지 보상이 가능하며, 도난품은 약 3,000유로까지 보상이 가능하다. 보험 청구의 경우 사고 경위서와 함께 메디칼 영수증을 지참하여 지점에 준비된 보험 청구서를 작성하여 주면 된다. 해당 보험은 렌터카 이용 규정에 따라 적용되며, 계약사항 위반 시 보상받을 수 없다.

유료 주차장 이용하기

동유럽에서는 대부분은 무료 주차장이지만 체코의 수도 프라하에는 유료주차장이 대부분이다. 그리고 주차비를 정산하지 않으면 차량 바퀴에 이동을 못하도록 체인이 묶일 수 있으므로 조심해야 한다.

유료주차장도 2시간은 무료이므로 2시간이 지나면 주차비를 내면 된다. 또한 차량에 사진의 시계그림처럼 차량에 부착을 하여 자신이 주차한 시간을 볼 수 있도록 해 놓아야 한다.

1. 라인에 주차를 한다.
2. 주차증이 차량의 앞 유리에 보이도록 차량 내부에 놓는다.
3. 나올 때 주차요금 미터기에 돈을 넣고 원하는 시간을 누른다.

운전 사고

동유럽에서는 운전할 때 도로에서 빠르게 가는 차들로 위험하지는 않지만 비가 오거나 바람이 많이 불어 도로가 위험해질 경우도 있다. 그럴 때는 갓길에 주차하고 잠시 쉬었다 가는 편이 좋다.

"비가 오거든 30분만 기다리라"라는 속담처럼 하루에도 몇 번씩 기상상황이 바뀔 수 있기 때문에, 잠시 쉬었다가 날씨의 상태를 보고 운전을 계속 하는 편이 낫다. 렌트카를 운전할 때 도로가 나빠서 차량이 도로에 빠지는 경우는 많지만 차량끼리의 충돌사고는 거의 일어나지 않는다.

우리나라 사람들이 렌트카 여행할 때, 자동차 사고는 대부분이 여행의 기쁜 기분에 '방심'하여 사고가 난다. 안전벨트를 꼭 매고, 렌트카 차량보험도 필요한 만큼 가입하고 렌트해야 한다. 다른 나라에 가서 남의 차 빌려서 운전하면서 우리나라처럼 편안한 마음으로 운전할 수는 없다. 그러다 오히려 사고가 나니 적당한 긴장은 필수적이다.

그러나 혹시라도 사고가 난다면
사고가 나도 처리는 렌트카에 들어있는 보험이 있으니 크게 걱정할 필요는 없다. 차를 빌릴 때 의무적으로, 나라마다 선택해야 하는 보험을 들으면 거의 모든 것을 해결해 준다.

렌트카는 차량인수 시에 받는 보험서류에 유사시 연락처가 크고 굵직한 글씨로 나와있다. 회사마다 내용은 조금씩 다르지만 동유럽의 어느 지역에서든지 연락하면 30분 정도면 누군가 나타난다. 그래서 혹시 걱정이 된다면 식스트나 허츠같은 한국에 지사를 둔 글로벌 렌트카업체를 선택하면 한국으로 전화를 하여 도움을 받을 수도 있다.

렌트카는 보험만 제대로 들어있다면 차를 본인의 잘못으로 망가뜨렸다고 해도, 본인이 물어내는 돈은 없고 오히려 새 차를 주어 여행을 계속하게 해 준다. 시간이 지체되어 하루 이상의 시간이 걸리면 호텔비도 내주는 경우가 있다. 그래서 렌트카는 차량을 반납할 때 미리 낸 차량보험료가 아깝지만 사고가 난다면 보험만큼 고마운 것도 없다.

도로 사정

동유럽 도로는 일부 비포장도로를 제외하면 운전하기가 편하다. 운전에서도 우리나라와 차이가 거의 없다. 도유럽은 고속도로가 잘 정비되어 소도시까지 이어져 있어서 "E55, 48, 67" 같은 고속도로 번호를 확인하면서 이동해야 한다.
다만 속도를 즐기는 동유럽 운전자들이 속도를 높여서 140~150km/h로 운전한다고 따라하지 말고 고속도로 규정 속도를 규정하는 것이 좋다. 일부 오프로드가 있고 그 오프로드는 운전을 피하라고 권하고 있다. 또한 렌트카를 오프로드에서 운전하다가 고장이 나면 많은 추가비용이 나오기 때문에 오프로드를 운전할 거라면 보험을 풀full보험으로 해 놓고 렌트하는 것이 좋다.

도로 운전 주의사항
동유럽을 렌트카로 여행할 때 걱정이 되는 것은 도로에서 "사고가 나면 어떡하지?"하는 것이 가장 많다. 지금, 그 생각을 하고 있다면 걱정일 뿐이다.
도로는 수도를 제외하면 차량의 이동이 많지 않고 제한속도가 90km로 우리나라의 100km보다도 느리기 때문에 운전 걱정은 하지 않아도 된다.

수도를 제외하면 도로에 차가 많지 않아 운전을 할 때 오히려 차량을 보면 반가울 때도 있다. 렌트카로 운전할 생각을 하다보면 단속 카메라도 신경써야 할 것 같고, 막히면 다른 길로 가거나 내 차를 추월하여 가는 차들이 많아서 차선을 변경할 때도 신경을 써야 할거 같지만 동유럽은 중간 중간 아름다운 장소가 너무 많아 제한속도인 90㎞로 그 이상의 속도도 잘 내지 않게 되고, 수도를 제외하면 단속 카메라도 거의 없다.

시내도로

1. 안전벨트 착용

우리나라도 안전벨트를 매는 것이 당연해지기는 했지만 아직도 안전벨트를 하지 않고 운전하는 운전자들이 있다. 안전벨트는 차사고에서 생명을 지켜주는 생명벨트이기 때문에 반드시 착용하고 뒷좌석도 착용해야 한다.
운전자는 안전벨트를 해도 뒷좌석은 안전벨트를 하지 않는 경우가 많은데 뒷좌석에 탓다고 사고가 나지 않는 것은 아니다. 혹시 어린아이를 태우고 렌트카를 운전한다면 아이들은 모두 카시트에 앉혀야 한다. 카시트는 운전자가 뒷좌석의 카시트를 볼 수 있는 위치에 놓는 것이 좋다.

2. 도로의 신호등은 대부분 오른쪽 길가에 서 있고 도로 위에는 신호등이 없다.

신호등이 도로 위에 있지 않고 사람이 다니는 인도 위에 세워져 있다. 신호등이 도로 위에 있어도 횡단보도 앞쪽에 있다. 그렇기 때문에 횡단보도위의 정지선을 넘어가서 차가 정지하면 신호등의 빨간불인지 출발하라는 파란불인지를 알 수 없다.
자연스럽게 정지선을 조금 남기고 멈출 수밖에 없다. 횡단보도에는 신호등이 없는 경우도 있으니 횡단보도에서는 반드시 지정 속도를 지키도록 하자.

3. 비보호 좌회전이 대부분이다.

우리나라는 좌회전 표시가 있는 곳에서만 좌회전이 된다. 이것도 아직 모르는 운전자가 많다는 것을 상담을 통해 알게 되었다. 동유럽은 좌회전 표시가 없어도 다 좌회전이 된다. 그래서 더 조심해야 한다. 반드시 차가 오지 않음을 확인하고 좌회전해야 한다.

4. 신호등 없는 횡단보도에서도 잠시 멈추었다가 지나가자.

횡단보도에서는 항상 사람이 먼저다. 하지만 우리는 횡단보도를 건널 때 신호등이 없다면 양쪽의 차가 진입하는지 다 보고 건너야 하지만, 동유럽은 건널목에서 항상 사람이 우선이기 때문에 차가 양보해야 한다. 그래서 차가 와도 횡단보도를 지나가는 사람들이 많다. 근처에 경찰이 있다면 걸려서 벌금을 물어야 할 것이다.

5. 시골 국도라고 과속하지 말자.

차량의 통행량이 많지 않아 과속하는 경우가 있다. 혹시 과속을 하더라도 마을로 들어서면

30㎞까지 속도를 줄이라는 표시를 보게 된다. 절대 과속으로 사고를 내지 말아야 한다. 렌트카의 사고 통계를 보면 주택가나 시골로 이동하면서 긴장이 풀려서 사고가 나는 경우가 대부분이라고 한다.

마을진입 표지판

사람이 없다고 방심하지 말고 신호를 지키고 과속하지 말고 운전해야 사고가 나지 않는다. 우리나라의 운전자들이 동유럽에서 운전할 때 과속카메라가 거의 없다는 것을 확인하고 경찰차도 거의 없는 것을 알고 과속을 하는 경우가 많다. 재미있는 여행을 하려면 과속하지 않고 운전하는 것이 중요하다. 마을로 들어가서 제한속도는 대부분 30~40㎞인데 마을입구에 제한속도 표지를 볼 수 있다.

마을 나왔다는 표지판

6. 교차로의 라운드 어바웃이 있으니 운행방법을 알아두자.

우리나라에도 교차로의 교통체증을 줄이기 위해 라운드 어바웃을 도입하겠다고 밝히고 시범운영을 거쳐 점차 늘려가고 있다. 하지만 아직까지 우리에게는 어색한 교차로방식이다. 동유럽에는 교차로에서 라운드 어바웃 Round About을 이용하는 교차로가 대부분이다.
라운드 어바웃방식은 원으로 되어있어서 서로 서로가 기다리지 않고 교차해가도록 되어있다. 교차로의 라운드 어바웃은 꼭 알아두어야 할 것이 우선순위이다.
통과할 때 우선순위는 원안으로 먼저 진입한 차가 우선이다. 예를 들어 정면에서 내 차와 같은 시간에 라운드 어바웃 원으로 진입하는 차가 있다면 같이 진입해도 원으로 막혀 있어서 부딪칠 일이 없다.(그림1) 하지만 왼쪽에서 벌써 라운드 어바웃으로 진입해 돌아오는 차가 있으면 '반드시' 먼저 라운드 어바웃 원으로 들어가서는 안 된다. 안에서 돌면서 오는 차를 보았다면 정지했다가 차가 지나가면 진입하고 계속 온다면 어쩔 수 없이 다 지나간 후 라운드 어바웃 원으로 진입해야 한다.(그림2)

그림[1]

동유럽은 우리나라와 같은 좌측통행시스템이기 때문에 왼쪽에서 오는 차가 거리가 있을 때 내 차로 왼쪽 차가 부딪칠 일이 없다고 판단되면 원으로 진입하면 된다. 라운드 어바웃이 크면 방금 진입한 차가 있다고 해도 충분한 거리가 되므로 들어가기가 어렵지 않다.
라운드 어바웃 방식에서 차가 많아 진입하기가 힘들다면 원안에 진입한 차의 뒤를 따라 가다가 내가 원하는 출구방향 도로에서 나가면 되고 나가지 못했다면 다시 한 바퀴를 돌고 나가면 되기 때문에 못 나갔다고 당황할 필요가 없다.

7. 교통규칙을 잘 지켜야 한다.
예를 들어 큰 도로로 진입할때는 위험하게 끼어들지 말고 큰 도로의 차가 지나간 다음에 진입하자.
매우 당연한 말이지만 우리나라는 큰 도로에 차가 있음에도 끼어드는 차들이 많아 위험할 때가 있지만 차가 많지가 않아서 큰 도로의 차가 지나간 후 진입하면 사고도 나지 않고 위험한 순간이 발생하지 않는다.

8. 교통규칙중에서도 정지선을 잘 지켜야 한다.
교차로에서 꼬리물기를 하면 우리나라도 이제는 딱지를 끊는다. 아직도 우리에게는 정지선을 지키지 않는 운전자들이 많지만 동유럽에서는 정지선을 정말 잘 지킨다. 정지선을 지키지 않고 가다가 사고가 나면 불법으로 위험한 상황이 발생할 수 있다. 정지선을 지키지 않아 사고가 나면 사고의 책임은 본인에게 있다.

국도

1. 도로는 대부분 왕복 2차선인데 앞차를 추월하려고 하면 반대편에서 오는 차와 충돌사고 위험이 있어 반대편에서 차량이 오는지 확인해야 한다.
수도를 제외하면 대부분의 도로가 한산하다. 가끔 앞의 차량이 서행을 하고 있어 앞차를 추월하려고 할 때 반대편에서 오는 차량이 있는지 확인을 하고 앞차를 추월해야 한다. 반대편에서 오는 차량과 정면 충돌의 위험이 있으니 조심하자. 관광지에서나 차량이 많지 대부분은 한산한 도로이기 때문에 마음의 여유를 가지고 운전하기 바란다.

2. 한산한 도로라서 졸음운전의 위험이 있다.
7~8월 때의 관광객이 많은 때를 제외하면 차량이 많지 않다. 어떤 때는 1시간 동안 한 대도 보지 못하는 경우가 있어 오히려 심심하다. 심심한 도로와 아름다운 자연을 보고 이동하고 있노라면 졸음이 몰려 반대편 도로로 진입하는 경우가 생길 수 있다.
졸음이 몰려오면 차량을 중간중간에 위치한 갓길에 세워두고 쉬었다가 이동하자. 쉬었다가 이동해도 결코 늦지 않다.

주유소에서 셀프 주유

셀프 주유소가 대부분이다. 기름값은 우리나라보다 조금 저렴하다. 비싼 기름가격을 생각했다면 우리나라보다 저렴한 기름값에 놀라워할 것이다.
큰 도시를 제외하고는 주유소의 거리가 멀어 운전을 하다가 기름이 중간 이하로 된다면 주유를 하는 것이 좋다. 기름을 넣는 방법은 쉽다.

1. 렌트한 차량에 맞는 기름의 종류를 선택하자. 렌트할 때 정확히 물어보고 적어 놓아야 착각하지 않는다.

2. 주유기 앞에 차를 위치시키고 시동을 끈다.
3. 자동차의 주유구를 열고 내린다.
4. 신용카드를 넣고 화면에 나오는 대로 비밀번호와 원하는 양의 기름값을 선택한다. (잘 모르더라도 주유한 만큼만 계산되니 직접하지 않아도 된다.)

5. 차량에 맞는 유종을 선택한다. (렌트할 때 휘발유인지 경유인지 확인한다.)
6. 주유기의 손잡이를 들어 올린다. (혹시 주유기의 기름이 나오지 않을때는 당황하지 말고 눈금이 '0'으로 돌아간 것을 확인한다. 0으로 안 되어있으면 기름이 나오지 않기 때문이다. 잘 모르면 카운터에 있는 직원에게 문의한다.)
7. 주유구에 넣고 주유기 손잡이를 쥐면 주유를 할 수 있다.
8. 주유를 끝내면 주유구 마개를 닫고 잠근다.
9. 현금으로 기름값을 계산하려면 카운터로 들어가서 주유기의 번호를 이야기하면 요금이 나와 있다.

이 모든 것을 처음에 잘 모르겠다면 카운터로 가서 설명해 달라고 하면 친절하게 설명하고 시범을 보여주기도 한다.
옆에 기름을 주유하는 사람에게 설명을 요청하면 역시 친절하게 설명해 주기 때문에 걱정하지 않아도 된다. 경유와 휘발유를 구분하지 못해서 걱정을 하는 여행자들도 있지만 주로 디젤의 주유기는 디젤이라고 적혀 있고 다른 하나의 손잡이는 휘발유다. 하지만 처음에 기름을 넣을때는 디젤인지 휘발유인지 확인하고 주유해야 잘못 넣는 경우를 방지할 수 있다.

셍겐 조약

동유럽은 대부분 셍겐 조약 가입국이다. 동유럽을 장기로 여행하려는 관광객들이 갑자기 듣는 단어가 '셍겐 조약'이라는 것이다.

셍겐 조약은 무엇일까? 유럽 26개 국가가 출입국 관리 정책을 공동으로 관리하여 국경 검문을 최소화하고 통행을 편리하게 만든 조약이다. 셍겐 조약에 동의한 국가 사이에는 검문소가 없어서 표지판으로 국경을 통과했는지 알 수 있다. EU와는 다른 공동체로 국경을 개방하여 물자와 사람간의 이동을 높여 무역을 활성화시키고자 처음에 시작되었다.

셍겐 조약 가입국에 비자 없이 방문할 때는 180일 내(유럽국가중에서 셍겐 조약 가입하지 않은 나라들에 머무를 수 있는 기간) 90일(유럽국가중에서 셍겐 조약 가입한 나라들에 머무를 수 있는 기간) 까지만 체류할 수 있다. 유럽을 여행하는 장기 여행자들은 이 조항 때문에 혼동이 된다. 동유럽은 1년에 90일 이상은 체류할 수 없다.

셍겐 조약 가입국 ─────────
그리스, 네덜란드, 노르웨이, 덴마크, 독일, 라트비아, 룩셈부르크, 리투아니아, 리히텐슈타인, 몰타, 벨기에, 스위스, 스웨덴, 스페인, 슬로바키아, 슬로베니아, . 에스토니아, 오스트리아, 이탈리아, 체코, 포르투갈, 폴란드, 프랑스, 핀란드, 헝가리

슬로베니아 도로

루마니아 도로

안전한 자동차 여행을 위한 주의사항

동유럽여행은 일반적으로 안전하다. 폭력 범죄도 드물고 종교 광신자들로부터 위협을 받는 일도 거의 없다. 하지만 최근에 테러의 등장으로 일부 도시에서 자신도 모르게 테러의 위협에 내몰리고 있기도 하다. 베를린, 바르셀로나, 스톡홀름, 런던, 파리 등 유럽의 도시는 테러의 위협에서 안전하다고 볼 수 없는 상황이다. 그런데 동유럽은 테러의 위협은 상당히 제한적이기 때문에 테러로 동유럽 여행을 가는 관광객이 걱정할 필요는 없다. 여행자들에게 주로 닥치는 위협은 소매치기나 사기꾼들 정도이다. 특별히 주의해야 할 것에 대해서 알아보자.

차량

1. 차량 안 좌석에는 비워두자.
자동차로 동유럽여행을 하면서 사고 이외에 차량 문제가 가장 많이 발생하는 것은 차량 안에 있는 가방이나 카메라, 핸드폰을 차량의 유리창을 깨고 가지고 달아나는 것이다. 경찰에 신고를 하고 도둑을 찾으려고 해도 쉬운 일이 아니기 때문에 사전에 조심하는 것이 최고의 방법이다. 되도록 차량 안에는 현금이나 가방, 카메라, 스마트폰을 두지 말고 차량 주차 후에는 트렁크에 귀중품이나 가방을 두는 것이 안전하다.

2. 안 보이도록 트렁크에 놓아야 한다.
자동차로 여행할 때 차량 안에 가방이나 카메라 등의 도둑을 유혹하는 행동을 삼가고 되도록 숙소의 체크아웃을 한 후에는 트렁크에 넣어서 안 보이도록 하는 것이 중요하다.

3. 호스텔이나 캠핑장에서는 가방보관에 주의해야 한다.
염려가 되면 가방을 라커에 넣어 놓던지 렌트카의 트렁크에 넣어 놓아야 한다. 항상 여권이나 현금, 카메라, 핸드폰 등은 소지하거나 차량의 트렁크에 넣어두는 것이 좋다. 호텔이라면 여행용 가방에 넣어서 아무도 모르는 상태에 있어야 소지품을 확실히 지켜줄 수 있다.
보라는 듯이 카메라나 가방, 핸드폰을 보여주는 것은 문제
를 일으키기 쉽다. 고가의 카메라나 스마트폰은 어떤 유럽국가에서도 저임금 노동자의 한 달 이상의 생활비와 맞먹는다는 것을 안다면 소매치기나 도둑이 좋아할 물건일 수밖에 없다는 것을 인식할 수 있을 것이다.

4. 모든 고가품은 잠금장치나 지퍼를 해놓는 가방이나 크로스백에 보관하자.
도시의 기차나 버스에서는 잠깐 졸수도 있으므로 가방에 몸에 부착되어 있어야 한다. 몸에서 벗어나는 일이 없도록 하자. 졸 때 누군가 자신을 지속적으로 치고 있다면 소매치기를 하기 위한 사전작업을 하고 있는 것이다. 잠깐 정류장에 서게 되면 조는 사람을 크게 치고 화를 내면서 내린다. 미안하다고 할 때 문이 닫히면 웃으면서 가는 사람을 발견할 수도 있다. 그러면 반드시 가방을 확인해야 한다.

5. 주차 시간은 넉넉하게 확보하는 것이 안전하다.
어느 도시에 도착하여 사원이나 성당 등을 들어가기 위해 주차를 한다면 주차 요금이 아깝다고 생각하기가 쉽다. 그래서 성당을 보는 시간을 줄여서 보고 나와서 이동한다고 생각할 때는 주차요금보다 벌금이 매우 비싸다는 생각을 해야 한다. 주차요금 조금 아끼겠다고 했다가 주차시간이 지나 자동차로 이동했을 때 자동차 바퀴에 자물쇠가 채워져 있는 경우도 상당하다.

주의

특히 발칸반도를 여행할 때 더욱 주의를 해야 한다. 경찰들이 관광객이 주차를 하면 시간을 확인하고 주차 시간이 끝나기 전에 대기를 하고 있다가 주차 시간이 종료되면 딱지를 끊거나 심지어는 자동차 바퀴에 자물쇠를 채우는 경우가 빈번하다.

도시 여행 중

1. 여행 중에 백팩(Backpack)보다는 작은 크로스백을 활용하자.
작은 크로스백은 카메라, 스마트폰 등을 가지고 다니기에 유용하다. 소매치기들은 가방을 주로 노리는데 능숙한 소매치기는 단 몇 초 만에 가방을 열고 안에 있는 귀중품을 꺼내가기도 한다. 지퍼가 있는 크로스백이 쉽게 안에 손을 넣을 수 없기 때문에 좋다. 크로스백은 어깨에 사선으로 메고 다니기 때문에 자신의 시선 안에 있어서 전문 소매치기라도 털기가 쉽지 않다. 백팩은 시선이 분산되는 장소에서 가방 안으로 손을 넣어 물건을 집어갈 수 있다. 혼잡한 곳에서는 백팩을 앞으로 안고 눈을 떼지 말아야 한다.
전대를 차고 다니면 좋겠지만 매일같이 전대를 차고 다니는 것은 고역이다. 항상 가방에 주의를 기울이면 도둑을 방지할 수 있다. 항상 자신의 손에서 벗어나는 일은 주의하는 것이 가방을 잃어버리지 않는 방법이다. 크로스백을 어깨에 메고 있으면 현금이나 귀중품은 안전하게 보호할 수 있다. 백 팩은 등 뒤에 있기 때문에 크로스백보다는 안전하지 않다.

2. 하루의 경비만 현금으로 다니고 다니자.
대부분의 여행자들은 집에서 많은 현금을 들고 다니지 않지만 여행을 가서는 상황이 달라진다. 아무리 많은 현금을 가지고 다녀도 전체 경비의 10~15% 이상은 가지고 다니지 말자. 나머지는 여행용가방에 넣어서 트렁크에 넣거나 숙소에 놓아두는 것이 가장 좋다.

3. 자신의 은행계좌에 연결해 꺼내 쓸 수 있는 체크카드나 현금카드를 따로 가지고 다니자.
현금은 언제나 없어지거나 소매치기를 당할 수 있다. 그래서 현금을 쓰고 싶지 않지만 신

용카드도 도난의 대상이 된다. 신용카드는 도난당하면 더 많은 문제를 발생시킬 수 있으므로 통장의 현금이 있는 것만 문제가 발생하는 신용카드 기능이 있는 체크카드나 현금카드를 2개 이상 소지하는 것이 좋다.

4. 여권은 인터넷에 따로 저장해두고 여권용 사진은 보관해두자.

여권 앞의 사진이 나온 면은 복사해두면 좋겠지만 복사물도 없어질 수 있다. 클라우드나 인터넷 사이트에 여권의 앞면을 따로 저장해 두면 여권을 잃어버렸을 때 프린트를 해서 한국으로 돌아올 때 사용할 단수용 여권을 발급받을 때 사용할 수 있다. 여권용 사진은 사용하기 위해 3~4장을 따로 2곳 정도에 나누어 가지고 있는 것이 좋다. 예전에 여행용 가방을 잃어버리면서 여권과 여권용 사진도 분실한 경우를 보았는데 부부가 각자의 여행용 가방에 동시에 2곳에 보관하여 쉽게 해결할 경우를 보았다.

5. 스마트폰은 고리로 연결해 손에 끼워 다니자.

스마트폰을 들고 다니면서 사진도 찍고 SNS로 실시간으로 한국과 연결할 수 있는 귀중한 도구이지만 스마트폰은 도난이나 소매치기의 표적이 된다. 걸어가면서 손에 있는 스마트폰을 가지고 도망하는 경우도 발생하기 때문에 스마트폰은 고리로 연결해 손에 끼워서 다니는 것이 좋다. 가장 좋은 방법은 크로스백 같은 작은 가방에 넣어두는 경우지만 워낙에 스마트폰의 사용빈도가 높아 가방에만 둘 수는 없다.

6. 여행용 가방 도난

여행용 가방처럼 커다란 가방이 도난당하는 것은 호텔이나 아파트가 아니다. 저렴한 YHA에서 가방을 두고 나오는 경우와 당일로 다른 도시로 이동하는 경우이다. 자동차로 여행을 하면 좋은 점이 여행용 가방의 도난이 거의 없다는 사실이다. 하지만 공항에서 인수하거나 반납하는 경우가 아니면 여행용 가방의 도난은 발생할 수 있다는 사실을 인지해야 한다. 호텔에서도 체크아웃을 하고 도시를 여행할 때 호텔 안에 가방을 두었을 때 여행용 가방을 잃어버리지 않으려면 자전거 체인으로 기둥에 묶어두는 것이 가장 좋고 YHA에서는 개인 라커에 짐을 넣어두는 것이 좋다.

7. 날치기에 주의하자.

동유럽여행에서 가장 기분이 나쁘게 잃어버리는 것이 날치기이다. 내가 모르는 사이에 잃어버리면 자신에게 위해를 가하지 않고 잃어버려서 그나마 나은 경우이다. 날치기는 황당함과 함께 걱정이 되기 시작한다. 길에서의 날치기는 오토바이나 스쿠터를 타고 다니다가 순식간에 끈을 낚아채 도망가는 것이다. 그래서 크로스백을 어깨에 사선으로 두르면 낚아채기가 힘들어진다. 카메라나 핸드폰이 날치기의 주요 범죄 대상이다. 길에 있는 노천카페의 테이블에 카메라나 스마트폰, 가방을 두면 날치기는 가장 쉬운 범죄의 대상이 된다. 그래서 손에 끈을 끼워두거나 안 보이도록 하는 것이 가장 중요하다.

8. 지나친 호의를 보이는 현지인

동유럽 여행에서 지나친 호의를 보이면서 다가오는 현지인을 조심해야 한다. 오랜 시간 여행을 하면서 주의력은 떨어지고 친절한 현지인 때문에 여행의 단맛에 취해 있을 때 사건이 발생한다. 영어를 유창하게 잘하는 친절한 사람이 매우 호의적으로 도움을 준다고 다가온다. 그 호의는 거짓으로 호의를 사서 주의력을 떨어뜨리려고 하는 것이다.
화장실에 갈 때 친절하게 가방을 지켜주겠다고 할때 믿고 다녀오면 가방과 함께 아무도 없는 경우가 발생한다. 피곤하고 무거운 가방이나 카메라 등이 들기 귀찮아지면 사건이 생기는 경우가 많다.

9. 경찰 사칭 사기

발칸 반도를 여행하다가 신분증 좀 보여주세요? 라면서 경찰복장을 입은 남자가 앞에 있다면 당황하게 된다. 특수경찰이라며 사복을 입은 경찰이라는 사람을 보게 되기도 한다. 뭐라고 하건 간에 제복을 입지 않았다면 당연히 의심해야 하며 경찰복을 입고 있다면 이유가 무엇이냐고 물어봐야 한다. 환전을 할 거냐고 물어보고 답하는 순간에 경찰이 암환전상을 체포하겠다고 덮친다. 그 이후 당신에게 여권을 요구하거나 위조지폐일 수 있으니 돈을 보자고 요구한다. 이때 현금이나 지갑을 낚아채서 달아나는 경우가 발생한다.

말할 필요도 없이 여권을 보여주거나 현금을 보여주어서는 안 된다. 만약 경찰 신분증을 보자고 해도 슬쩍 보여준다며 가까운 경찰서에 가지고 요구하여 경찰서에서 해결하려고 해야 한다.

여행 준비물

1. 여권
여권은 반드시 필요한 준비물이다. 의외로 여권을 놓치고 당황하는 여행자도 있으니 주의하자. 유효기간이 6개월 미만이면 미리 갱신하여야 문제가 발생하지 않는다.

2. 환전
유로를 현금으로 준비하는 것이 가장 효율적이다. 예전에는 은행에 잘 아는 누군가에게 부탁해 환전을 하면 환전수수료가 저렴하다고 했지만 요즈음은 인터넷 상에 '환전우대권'이 많으므로 이것을 이용해 환전수수료를 줄여 환전하면 된다.

3. 여행자보험
물건을 도난당하거나 잃어버리든지 몸이 아플 때 보상 받을 수 있는 방법은 여행자보험에 가입해 활용하는 것이다. 아플 때는 병원에서 치료를 받고 나서 의사의 진단서와 약을 구입한 영수증을 챙겨서 돌아와 보상 받을 수 있다. 도난이나 타인의 물품을 파손 시킨 경우에는 경찰서에 가서 신고를 하고 '폴리스리포트'를 받아와 귀국 후에 보험회사에 절차를 밟아 청구하면 된다. 보험은 인터넷으로 가입하면 1만원 내외의 비용으로 가입이 가능하며 자세한 보상 절차는 보험사의 약관에 나와 있다.

4. 여행 짐 싸기
짧지 않은 일정으로 다녀오는 동유럽 여행은 간편하게 싸야 여행에서 고생을 하지 않는다. 돌아올 때는 면세점에서 구입한 물건이 생겨 짐이 늘어나므로 가방의 60~70%만 채워가는 것이 좋다.
주요물품은 가이드북, 카메라(충전기), 세면도구(숙소에 비치되어 있지만 일부 호텔에는 없는 경우도 있음), 수건(해변을 이용할 때는 큰 비치용이 좋음), 속옷, 상하의 1벌, 신발(운동화가 좋음)

5. 한국음식

고추장/쌈장　　　각종 캔류　　　즉석밥　　　라면

6. 준비물 체크리스트

분야	품목	개수	체크(V)
생활용품	수건(수영장이나 바냐 이용시 필요)		
	썬크림		
	치약(2개)		
	칫솔(2개)		
	샴푸, 린스, 바디샴푸		
	숟가락, 젓가락		
	카메라		
	메모리		
	두통약		
	방수자켓(우산은 바람이 많이 불어 유용하지 않음)		
	트레킹화(방수)		
	슬리퍼		
	멀티어뎁터		
	패딩점퍼(겨울)		
식량	쌀		
	커피믹스		
	라면		
	깻잎, 캔 등		
	고추장, 쌈장		
	김		
	포장 김치		
	즉석 자장, 카레		
약품	감기약, 소화제, 지사제		
	진통제		
	대일밴드		
	감기약		

여권 분실 및 소지품 도난 시 해결 방법

여행에서 도난이나 분실과 같은 어려움에 봉착하면 당황스러워지게 마련이다. 여행의 즐거움은 커녕 여행을 끝내고 집으로 돌아가고 싶은 생각만 든다. 따라서 생각지 못한 도난이나 분실의 우려에 미리 조심해야 한다. 방심하면 지갑, 가방, 카메라 등이 없어지기도 하고 최악의 경우 여권이 없어지기도 한다.

이때 당황하지 않고, 대처해야 여행이 중단되는 일이 없다. 해외에서 분실 및 도난 시 어떻게 해야 할지를 미리 알고 간다면 여행을 잘 마무리할 수 있다. 너무 어렵게 생각하지 말고 해결방법을 알아보자.

여권 분실 시 해결 방법

여권은 외국에서 신분을 증명하는 신분증이다. 그래서 여권을 분실하면 다른 나라로 이동할 수 없을뿐더러 비행기를 탈 수도 없다. 여권을 잃어버렸다고 당황하지 말자. 절차에 따라 여권을 재발급받으면 된다. 먼저 여행 중에 분실을 대비하여 여권 복사본과 여권용 사진 2장을 준비물로 꼭 챙기자.

여권을 분실했을 때에는 가까운 경찰서로 가서 폴리스 리포트 Police Report를 발급받은 후 대사관 여권과에서 여권을 재발급 받으면 된다. 이때 여권용 사진과 폴리스 리포트, 여권 사본을 제시해야 한다.

재발급은 보통 1~2일 정도 걸린다. 다음 날 다른 나라로 이동해야 하면 계속 부탁해서 여권을 받아야 한다. 부탁하면 대부분 도와준다. 나 역시 여권을 잃어버려서 사정을 이야기 했더니, 특별히 해준다며 반나절만에 여권을 재발급해 주었다. 절실함을 보여주고 화내지 말고 이야기 하자. 보통 여권을 분실하면 화부터 내고 어떻게 하냐는 푸념을 하는데 그런다고 해결되지 않는다.

여권 재발급 순서
1. 경찰서에 가서 폴리스 리포트 쓰기
2. 대사관 위치 확인하고 이동하기
3. 대사관에서 여권 신청서 쓰기
4. 여권 신청서 제출한 후 재발급 기다리기

여권을 신청할 때 신청서와 제출 서류를 꼭 확인하여 누락된 서류가 없는지 재차 확인하자. 여권을 재발급받는 사람들은 다 절박하기 때문에 앞에서 조금이라도 시간을 지체하면 뒤에서 짜증내는 경우가 많다. 여권 재발급은 하루 정도 소요되며, 주말이 끼어 있는 경우는 주말 이후에 재발급 받을 수 있다.

소지품 도난 시 해결 방법

해외여행을 떠나는 여행객이 늘면서 도난사고도 제법 많이 발생하고 있다. 이러한 경우를 대비하여 반드시 필요한 것이 여행자보험에 가입하는 것이다. 여행자보험에 가입한 경우 도난 시 대처 요령만 잘 따라준다면 보상받을 수 있다.

먼저 짐이나 지갑 등을 도난당했다면 가장 가까운 경찰서를 찾아가 폴리스 리포트를 써야 한다. 신분증을 요구하는 경찰서도 있으니 여권이나 여권 사본을 챙기고, 영어권이 아닌 지역이라면 영어로 된 폴리스 리포트를 요청하자. 폴리스 리포트에는 이름과 여권번호 등 개인정보와 물품을 도난당한 시간과 장소, 사고 이유, 도난 품목과 가격 등을 자세히 기입해야 한다. 폴리스 리포트를 작성하는 데에는 약 1시간 이상이 소요된다.

폴리스 리포트를 쓸 때 도난stolen인지 단순분실 lost인지를 물어보는데, 이때 가장 조심해야 한다. 왜냐하면 대부분은 도난이기 때문에 'stolen'이라고 경찰관에게 알려줘야 한다. 단순 분실의 경우 본인 과실이기 때문에 여행자보험을 가입했어도 보상받지 못한다. 또한 잃어버린 도시에서 경찰서를 가지 못해 폴리스 리포트를 작성하지 못했다면 여행자보험으로 보상받기 어렵다. 따라서 도난 시에는 꼭 경찰서에 가서 폴리스 리포트를 작성하고 사본을 보관해 두어야 한다.

폴리스 리포트 예 : 지역에 따라 양식은 다를 수 있다. 그러나 포함된 내용은 거의 동일하다.

여행을 끝내고 돌아와서는 보험회사에 전화를 걸어 도난 상황을 이야기한 후, 폴리스 리포트와 해당 보험사의 보험료 청구서, 휴대품신청서, 통장사본과 여권을 보낸다. 도난당한 물품의 구매 영수증은 없어도 상관 없지만 있으면 보상받는 데 도움이 된다.

보상금액은 여행자보험 가입 당시의 최고금액이 결정되어 있어 그 금액 이상은 보상이 어렵다. 보통 최고 50만 원까지 보상받는 보험에 가입하는 것이 일반적이다. 보험회사 심사과에서 보상이 결정되면 보험사에서 전화로 알려준다. 여행자보험의 최대 보상한도는 보험의 가입금액에 따라 다르지만 휴대품 도난은 1개 품목당 최대 20만 원까지, 전체 금액은 80만 원까지 배상이 가능하다. 여러 보험사에 여행자보험을 가입해도 보상은 같다. 그러니 중복 가입은 하지 말자.

동유럽 캠핑

캠핑장 이용 방법

1. 캠핑장 사무실로 가자.

캠핑장의 사무실은 대부분 오후 6시 정도까지 열려있으므로 사용 인원을 알려주고 계산하면 스티커를 받는다. 다른 캠핑장은 늦게 도착해 직원이 없다면 먼저 텐트를 치고 캠핑장을 사용한 다음날 오전에 사무실로 가서 확인해 주면 된다.

이때 신용카드가 사용이 안 되는 경우도 간혹 발생하니 사전에 현금을 준비하자. 먼저 텐트를 치고 캠핑을 했다면 다음날, 스티커(문구 : Please connect the reception)가 붙어 있을 것이다. 사무실이 없는 캠핑장은 캠핑장 직원이 직접 받으러 다닐 수도 있다.

2. 귀중품, 짐 보관

짐이 많다면 캠핑장에 귀중품, 여행가방 보관 (유료) 장소가 있으니 활용해보자.

3. 캠핑장비

캠핑 장비를 렌탈 하는 곳은 여러 곳이 운영 중 이므로 캠핑장비 없이 와서 이용료를 내고 캠 핑이 가능하다.

4. 취사

조리실이 있는 캠핑장에서는 반드시 조리실 내에서만 불을 피울 수 있다. 취사장이 없는 캠핑장은 캠핑장에서 취사가 가능하다. 캠핑장의 취사장에는 캠핑족들이 사용하고 남은 조미료와 식재료들을 조리장에 두고 가므로 필요한 요리 물품은 캠핑장에서 이용하면 편리하다. 취사장이 없는 경우에는 바람막이를 두고 취사를 해야 안전하다. 다만 안전을 위해 춥다고 텐트 안에서의 취사는 매우 위험하니 삼가하자.

5. 화장실과 샤워실

화장실과 샤워시설이 있는 경우가 많지만, 샤워비용을 받는 캠핑장이 있다. 화장실에서 간단한 세면은 이용할 수 있다. 동전을 넣고 사용하는 코인식 샤워실이 있기도 하고, 캠핑비에 포함되어 무료인 곳도 있으니 각 캠핑장마다 확인해야 한다.(샤워실이 무료이면 시간을 제한하는 경우가 대부분이다) 여성들은 캠핑장의 샤워시설이 불편하면 각 도시의 수

영장이 저렴하니 이용하는 것도 좋다.

6. 세탁
세탁기와 건조기는 대부분의 캠핑장에서는 사용하지 못한다. 캠핑장에서 세탁물을 직접 받아서 세탁을 해주기도 한다.

7. 와이파이(wifi)와 충전
와이파이(wifi)는 캠핑장의 휴게실에서 무료로 이용할 수 있지만 휴게실이 없다면 캠핑장에서 와이파이의 사용이 불가능하다. 공항면세점에서 유심카드를 구입하여 사용하면 와이파이가 없어도 인터넷에 접속할 수 있다. 캠핑시 카메라, 핸드폰과 같은 전자제품들을 충전해야 다음날 사용할 수 있지만 충전코드는 개수가 적어서 멀더어뎁터를 가지고 가서 이용하면 편리하다. 여행 전에 차량에 충전할 수 있는 차량용 충전 잭을 미리 준비해도 좋다.

8. 날씨
날씨는 캠핑여행에서 중요한 요소이다. 비가 많이 온다면 캠핑이 힘들 수도 있기 때문에 캠핑여행은 날씨를 매일 확인해야 한다.

동유럽 자동차 운전 방법

추월은 1차선, 주행은 반드시 2, 3차선(기본적인 운전 방법)

유럽에서 운전을 하는 기본적인 방법은 동일하다. 우측차선에서 주행하는 기본적인 방법이 EU 국가들에서는 법으로 규제하고 있다. 1차선은 추월하는 차선이며, 주행은 반드시 2, 3차선으로만 한다. 1차선에서 일정 구간 이상 주행을 하면 위법이 된다고 하는 데, 실제로 1차선에서 운전하기가 힘들다. 왜냐하면 뒤에서 나타난 차에서 계속 비켜달라고 소리를 내거나 점화등으로 표시를 하기 때문에 차선을 옮겨줘야 한다.

특히 체코나 독일은 속도를 즐기는 운전자들이 상당히 많다. 그러므로 추월을 한다면 후방 1차선에 고속으로 주행하고 있는 자동차가 없는지 꼭 확인해야 한다. 고속도로에서 110 km/h이지만 150km/h 이상 주행하는 차들도 많다.

운전 예절

유럽의 고속도로는 편도 2차선(왕복 4차선) 고속도로가 많다. 이때 2차선으로 주행하고 있는데 우측 진입로로 차량이 들어오는 것이 보았다면 추월하는 1차선으로 미리 들어가 진입 차량의 공간을 확보해주는 것도 볼 수 있다. 추월하는 1차선에서 고속으로 주행하고 있는데, 속도가 느린 차량이나 트럭이 추월중이여서 길이 막힐 때, 알아서 비켜줄 때까지 기다려야 한다. 그래도 안 비켜준다면 왼쪽 깜빡이를 켜주어 운전자에게 알려주는 것이 좋다. 안 비켜준다면 그 다음 방법으로 상향등을 켜면 된다. 빠른 속도를 즐기는 운전자들이 많은 동유럽 차들은 잘 비켜주는 편이다.

전조등

나라별로 전조등 사용 기준이 다르다. 서머타임 기간으로 구분하는 나라도 있지만, 도심이나 외곽으로 구분하는 나라도 있다. 다만 운전을 끝내고 주차하면서 전조등이 켜져 있는 지 확인해야 한다. 차량의 밧데리가 방전될 수 있기 때문이다. 필자도 전조등을 켜고 급하게 내리면서 확인을 안 하고 내려서 관광을 한 후 돌아왔다가 밧데리 방전으로 고생을 한 기억이 있다.

1. 운전을 한다면 전조등 사용에 고민할 필요가 없다. 대부분의 나라들이 겨울에는 24시간 의무로 전조등을 켜고 다니며, 고속도로에서도 의무적으로 켜야 하는 나라들이 대부분이다.
2. 일반 국도나 시내에서 전조등을 켜고 다니는 것이 편리하다. 다만 렌터카를 주차하고 나면 전조등을 껐는지 확인하는 습관이 필요하다.

국도의 자전거를 조심해야 한다.

고속도로는 아니지만 국도에서 운전을 하면 주말에 특히 자전거를 타는 사람들을 많이 보게 된다. 자전거 전용도로가 있는 것이 아니기 때문에 좁은 도로에서는 조심히 자전거를 타는 사람들을 보호해야 한다.

실제로 운전을 하면서 자전거를 귀찮은 존재로 생각하는 대한민국의 운전자를 보고 상당히 놀란 기억이 있다. 자전거는 도로 위에서 탈 수 있기 때문에 나의 운전을 방해하는 사람들이 아니다. 그들은 보호받을 권리가 있다.

동유럽 국가들의 제한속도
대부분 유럽 연합 국가들의
1. 고속도로 제한속도는 110~130Km/h이다.
2. 국도는 90~100Km/h이고 도시나 마을에 진입하면 50Km/h이하로 떨어진다.

해당 국가의 제한속도는 국경을 지나면 커다란 안내판으로 표시를 하고 있다. 왜냐하면 솅겐 조약 국가들끼리는 국경선이 없고 아무 제한 없이 이동이 가능하기 때문에 반드시 표지판을 살펴보는 습관이 필요하다.

제한속도 이상으로 주행하는 운전자에게
고속도로의 제한 속도가 130㎞/h이므로 처음에 운전을 하면 빠르게 느껴서 그 이상의 속도로 운전하는 경우가 없지만 점차 속도에 익숙해지면 점점 주행속도가 올라가기 시작한다. 이때 조심해야 한다. 충분한 빠르다고 느끼는 제한속도이므로 과속을 한다면 감시카메라를 잘 살펴봐야 한다.

유럽 연합 고속도로 번호
각각의 고속도로는 고유 번호를 가지고 있다. 유럽 연합 국가들의 고속도로는 "E"로 시작되는 공통된 번호를 가지고 있다. 또한 기존에 사용하던 자국의 고속도로 고유 번호를 함께 사용하므로 지도나 기타 정보를 확인하여야 한다. 예를 들어 오스트리아는 'E60-A1'를 사용하고 헝가리는 'E60-M1'를 동시에 사용한다.

감시카메라
발칸 반도의 국가들을 제외하고 대부분의 유럽 연합 국가들의 감시카메라는 많은 수는 아니지만 고정형으로 설치되어 있다. 정말 아주 가끔 이동형을 볼 수 있다. 고정된 감시카메라는 몇 백 미터 전에 [Radar Control] 이라는 작은 표지판이 중앙분리대에 설치되어 있다.

이동하면서 감시할 수 있는 감시카메라는 미리 확인할 수 있는 방법은 없지만 단속하는 곳은 마을에 진입하여 속도를 줄여야 하는 제한속도 변동 구간에서 단속하게 된다. 특히 주말과 공휴일은 경찰이 사전에 미리 이동형 카메라로 매복을 하고 있다가. 차량들이 많아서 빠르게 이동하고 싶은 운전자들이 많을 때를 노리게 된다. 이럴 때 경찰을 욕하면서 딱지를 떼이지만 운전자 본인이 잘못했다는 사실을 알아야 한다. 제한 속도만으로 운전을 해도 충분히 빠르게 이동이 가능하다는 사실을 인지하자. 또한 이동형 감시카메라가 수시로 준비할 수 있다.

휴게소

유럽 연합 국가들의 주유소는 편의점과 함께 운영하고 있다. 그래서 작은 주유소와 편의점이 휴게소가 된다. 고속도로의 휴게소가 대한민국처럼 크고 시설이 좋지 않고 중간에 주차 구역과 화장실이 있는 작은 간이 휴게소들이 상당히 많다.

주차

운전을 하다보면 다양한 상황에 놓일 가능성이 있다. 주차요금을 아끼겠다고 불법주차를 하는 경우는 절대 삼가야 한다. 주차요금보다 벌금은 상당히 많고 차량의 바퀴에 자물쇠가 채워지면 더욱 상황이 복잡하다. 기다리고 경찰과 이야기를 하고 벌금을 낸 후에야 자물쇠를 풀어준다. 또한 갓길에 주차를 하게 되는 상황이라면 반드시 비상등을 켜고 후방 50m 지점에 삼각대를 설치하고, 야광 조끼를 착용해야 한다. 휴게소에서 주차는 차량이 많지 않기 때문에 주차에 문제가 발생할 상황은 없다.

고속도로 운행 필수품

비상 상황에서 필요한 삼각대와 야광 조끼를 반드시 차내에 비치해야 한다. 야광 조끼는 렌터카 차량의 최대 승차인원만큼 비치를 규정하는 국가들이 많다. 따라서 차량 리스 / 렌트에서 삼각대와 야광 조끼가 있는지 꼭 확인하자. 야광 조끼의 경우 직접 구매해야 하는 경우가 많은데 대형 할인마트에서 저렴하게 구입할 수 있다.

여권, 국제면허증, 차량등록증, 렌트/리스 계약서, 보험확인증 등은 반드시 휴대해야 하며, 오스트리아의 경우 한국 면허증도 함께 휴대해야 한다.

유럽의 통행료

동유럽에서 자동차여행을 하면, 국가별로 고속도로 통행료를 내는 방식이 다르다는 사실을 알게 된다. 셍겐조약으로 인해 유럽의 국가들은 국경선을 자유롭게 이동해야 하는 상황에서 각국은 다양한 통행료 징수 방법을 찾아내게 된다.

고속도로 통행료 징수 방법
대한민국과 같은 구간별로 톨게이트Tollgate를 지날 때마다 통행료를 내는 방법과 일정기간 동안 무제한으로 사용할 수 있는 기간별 방법인 비네트 구입를 통행자가 구입하는 방법이 있다.

톨게이트(Tollgate : 대한민국과 동일)
대부분의 유럽 국가들은 톨게이트를 운영하면서 통행료를 징수한다. 가장 쉬운 방법일 수 있지만 운전자는 시간이 지체되는 단점이 있다. 폴란드, 독일 등이다. 해외에서 톨게이트를 지나려면 사전에 동전을 미리 준비해 놓아야 한다. 또한 최근에 무인 톨게이트가 있어서 돈이나 충분한 동전이 없을 경우 유인톨게이트 차선을 찾아 들어가야 한다.

비네트(Vignette)
서유럽과 달리 동유럽은 비네트Vignette를 사용하는 국가들이 많다는 것이다. 동유럽의 오스트리아, 체코, 헝가리가 대표적이며 발칸반도의 루마니아, 불가리아 등이다. 비네트Vignette는 유럽을 여행하는 여행자에게 유혹을 일으키게 만든다. 그러나 비네트Vignette를 구입하지 않은 경우가 한 번이라도 생겨서 구입하지 않고도 지나쳐서

좋아했다면 분명히 다음 나라에서 문제가 발생할 수 있다. 벌금은 더욱 많은 비용을 추가로 발생시키므로 주의하자.

비네트(Vignette)

비네트(Vignette)는 1주일(7일), 10일, 30일, 1년 등으로 구분되어 있다. 비네트(Vignette)는 대부분의 주유소에서 구입할 수 있으며, 국경에서는 작은 비네트(Vignette) 구입부스 또는 옆 나라 주유소에서 미리 구입할 수도 있다. 비네트(Vignette)는 차량의 앞면 유리에 부착해야 하며, 구입한 영수증은 꼭 차내에 보관해야 한다.

구입 후 앞 유리창 지정된 위치에 부착해야 한다. 스티커를 사용하지 않고, 운전석 왼쪽 창틀에 그냥 끼워 넣어도 되지만 최근에는 중복 사용을 금지하기 위해 차량번호를 기재하고 부착을 안 하는 주유소도 있다. 이때는 경찰이 비네트(Vignette) 구입 영수증 제시를 요구하는 경우가 있다. 가끔 다른 운전자가 사용하던 비네트(Vignette)를 받는 경우가 있는데, 이때는 영수증을 함께 받는 것이 좋다.

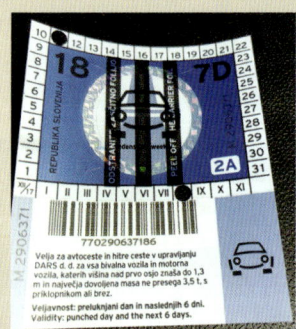  

주의사항

비네트 Vignette 이용 국가들은 고속도로 진출입로에 톨게이트가 없기 때문에 비네트 Vignette 없이도 고속도로 이용이 가능하다. 적발될 경우 과중한 벌금을 내야 하므로 마음 편하게 구입해서 운전하는 것이 좋다. 특히 발칸반도의 루마니아 같은 나라들은 국경선을 통과하면서 국경 검문소를 통과해야 하므로 진출입로에서 비네트 구입을 확인하고 구입을 안 하면 벌금을 내야 한다. 동유럽의 헝가리는 많은 진출입로에서 이동카메라로 원격 검색을 하고 있다는 사실도 알아야 한다. 반드시 사전에 비네트를 구입하여 다니도록 하자.

알고 떠나자! 비네트(Vignette)

우리에게 낯선 통행료 징수방법은 비네트Vignette라는 것이다. 동유럽의 도로를 여행하면서 적절한 장소에서 유리창에 부착하는 '비네트Vignette' 또는 스티커를 요구하기 때문에 자동차 운전자가 지불한 경비를 볼 수 있다. 이 스티커는 고속도로에서 탈 수 있는 도로 세금을 납부하였다는 것을 의미한다. 대부분 10일 이내의 비네트를 구입하게 된다. 10 일간의 스티커 비용은 국가마다 대부분 다르다.

어디에서 비네트를 살 수 있을까?

비네트는 국경 근처의 휴게소, 주유소에서 구입이 가능하다. 해당 국가에 도착하기 전에 주유소, 담배 가게, 고속도로 휴게소에서 경계 국가의 비네트를 구입할 수 있다. 국경 지대가 있다면 국경 횡단에서 다시 구입할 수 있지만 외부에 있는 운전자가 안전하게 할 수 있는 일은 국경에서 적어도 10㎞에 도달하기 전에 구입하는 것이다.

벌금

국경을 통과하는 진입로에 임박해서 구입하지 못했다는 것을 인지하여 돌아가려고 한다면 비네트를 구입할 수 없으며 벌금을 부과 받게 된다. 만약 통행권을 사지 않고 다닌다면 적발이 안 되면 상관없지만 적발이 되면 벌금이 있으니 유의하고 반드시 해당 국가의 비네트를 구매 후 여행하는 것이 마음이 편하다.
'특별 세금'이라고 하는 벌금으로 그 자리에서 지불해야 한다. 그렇지 않으면 특별 절차가 진행되고 벌금이 인상된다.

▶ 각 나라별 통행권 요금 조회 | http://www.dalnicni-znamky.com/en/

부착방법

비네트Vignette 스티커는 제거하거나 다시 부착 할 수 없도록 고안되었다. 필요한 기간에 따라 통행권 구입이 가능하고 뒷면의 붙이는 방법과 위치 설명을 잘 읽고, 차 앞쪽 유리에 붙이면 된다. 스티커를 구입하여 앞 유리의 '왼쪽 위'나 앞 '유리 안쪽의 백미러' 장착 지점 아래 중앙에 있는 비네트 뒷면에 지정된 곳에 부착해야 한다. 착색 될 경우, 짤막하게 보이는 부분을 착색 부분 아래에 부착해야 명확하게 볼 수 있다.

유럽 고속도로 통행권 가격 / 정보

1. 무료인 국가(독일/영국/벨기에/네덜란드/덴마크) 2. 우리나라와 동일한 방식의 톨게이트 징수 국가 (이탈리아/프랑스/스페인/포르투갈) 3. 기간에 따른 통행료 비네트(Vignette)을 사용하는 국가(스위스/오스트리아/체코/헝가리/슬로베니아/불가리아 등 동유럽 대부분 국가)

BALTIC STATES

발트3국

About 발트 3국

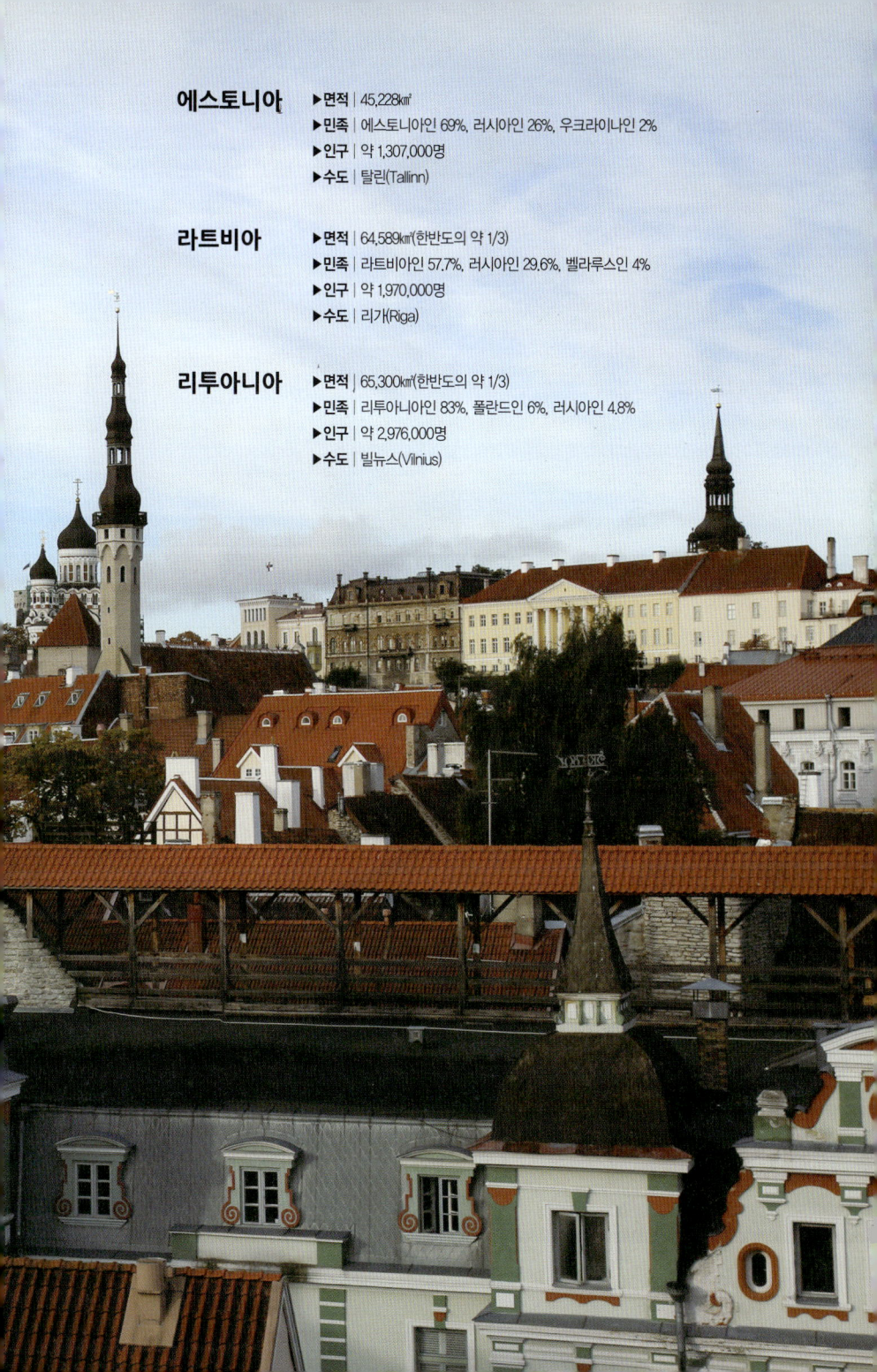

에스토니아
- 면적 | 45,228㎢
- 민족 | 에스토니아인 69%, 러시아인 26%, 우크라이나인 2%
- 인구 | 약 1,307,000명
- 수도 | 탈린(Tallinn)

라트비아
- 면적 | 64,589㎢(한반도의 약 1/3)
- 민족 | 라트비아인 57.7%, 러시아인 29.6%, 벨라루스인 4%
- 인구 | 약 1,970,000명
- 수도 | 리가(Riga)

리투아니아
- 면적 | 65,300㎢(한반도의 약 1/3)
- 민족 | 리투아니아인 83%, 폴란드인 6%, 러시아인 4.8%
- 인구 | 약 2,976,000명
- 수도 | 빌뉴스(Vilnius)

100년의 문화

발트 3국의 문화는 국가적으로 눈을 뜬 시기인 19세기 동안에 본격적으로 발전하였다. 이러한 발전은 노래와 전승문학과 같은 농업 문화의 요소가 1850년 이후에 문화엘리트와 만남으로 이루어졌다. 문학의 발전은 1810년대 민족시인과 소설이 발표되면서 시작되었다.
2차 세계대전 이후 소련의 지배로 문화엘리트들이 나라를 떠났다가 독립을 이루면서 다시 발전을 시작하였다.

에스토니아 화폐 크론(Kroon)

저렴한 물가

발트 3국의 물가가 저렴하다고 생각하는데 앞으로 변할 가능성도 있다. 지금 에스토니아는 물가가 지속적으로 상승하고 있다. 에스토니아는 2011년 1월까지 '크론Kroon'이라는 자국 화폐를 사용했다. 1928년 크론을 처음 도입한 뒤 2차 세계대전 후 소련에 병합되면서 현재 러시아가 쓰고 있는 화폐인 루블로 대체되었다.

이후 1992년 독립을 하고 크론을 재도입했지만, 2011년 1월 기준으로 유로를 쓰고 있다. 에스토니아는 독립 이후에 코딩을 의무 교육화하고 IT에 공을 들이면서 높은 경제 성장을 이루고 있다. 라트비아와 리투아니아도 현재 유럽연합에 가입하고 유로를 사용하면서 물가가 올라가고 있다. 물가가 올라가는 중이지만 유럽에서 가장 저렴한 물가를 가진 나라에 속한다.

유럽의 호랑이

에스토니아는 소련에서 독립한 후 경제 개혁을 통해서 높은 경제성장률을 보이고 있다. 에스토니아의 GDP는 다른 유럽 국가보다 높게 증가하고 있으며 외국인 투자 확대가 산업 생산 증가의 원동력이 되고 있다. 특히 유럽의 호랑이라고 부를 만큼 경제성장률이 높은데, 그 바탕에는 IT기술 발전이 있었다.

화상통화 '스카이프Skype'를 많은 사람들이 알고 있다. 지금은 구글에 인수되었지만 스카이프Skype를 개발한 나라가 에스토니아이다. 미국에 실리콘 밸리Silicon Valley가 있다면 탈린에는 탈린 밸리Tallin Valley가 있어 동유럽에서 가장 많은 스타트업 회사가 생겨나는 나라이다.

라트비아의 리가 밤거리

안전한 치안

발트 3국은 다른 유럽나라들보다 치안이 좋은 편에 속한다. 여자 혼자서 여행해도 문제가 없을 정도이다. 하지만 소매치기나 날강도는 언제든지 나타날 수 있으니 조심하자. 생명을 위협하는 범죄는 거의 없다고 해도 무방할 정도이다. 밤에 올드 타운Old Town을 제외한 지역을 돌아다니는 것은 조심하는 것이 좋다.

에스토니아의 탈린

국토의 50% 이상이 숲

국토의 50%이상이 숲으로 둘러싸인 천혜의 자연을 가지고 있는 나라이다.
에스토니아, 라트비아, 리투아니아는 오랜 기간 식민지시절을 거치면서 발전이 더딘 국가이지만 중세 유럽의 분위기가 남아 있어 도시마다 운치가 있다. 녹지가 50%를 육박하는 산림도 중세의 분위기와 함께 발트 3국의 매력을 극대화시켜주고 있다.

주변 강대국의 많은 침략

발트 3국을 한마디로 표현한다면 숲과 호수, 그리고 아름다운 사람들이라고 할 수 있다. 예부터 발트 3국은 독일, 스웨덴, 러시아 등 주변 강대국들의 끊임없는 침략을 받았다. 하지만 발트 3국은 숱한 어려움 속에서 다시 독립을 쟁취하였다.

발트 3국 여행 잘하는 방법

1. 도착하면 관광안내소(Information Center)를 가자.

어느 도시이든 도착하면 해당 도시의 지도를 얻기 위해 관광안내소를 찾는 것이 좋다. 공항에 나오면 중앙에 크게 'i'라는 글자와 함께 보인다. 환전소를 잘 몰라도 문의하면 친절하게 알려준다. 방문기간에 이벤트나 변화, 각종 할인쿠폰이 관광안내소에 비치되어 있을 수 있다.

2. 심(Sim)카드나 무제한 데이터를 활용하자.

공항에서 시내로 이동을 할 때 새로운 나라에 입국을 하면 인터넷을 이용하기가 힘들다. 무제한 데이터를 사용하려면 출발 전에 신청을 해야 한다. 아니면 심Sim카드를 이용해야 한다. 그런데 시내에서 심Sim카드를 구입하는 것보다 공항에서 구입해서 인터넷을 사용할 수 있는지 확인하고 이동하는 것이 편리하다.

스마트폰의 필요한 정보를 활용하려면 데이터가 필요하다. 최근에 아파트를 숙소로 이용하는 등의 스마트폰으로 인터넷에 접속해야 하는 일이 많아지고 있다. 매장에 가서 스마트폰을 보여주고 데이터의 크기를 1~3기가 정도로 구입하면 10일 정도는 무난하게 사용할 수 있다. 데이터의 양만 선택하면 매장의 직원이 알아서 다 갈아 끼우고 문자도 확인하여 이상이 없으면 돈을 받는다.

3. 유로로 환전해야 한다.

공항에서 시내로 이동하려고 할 때부터 돈이 필요하다. 다행히 발트 3국은 모두 유럽연합에 가입하고 있기 때문에 유로를 사용하면 된다. 국내에서 환전을 하지 않았다면 필요한 돈을 환전하여 가고 전체 금액을 환전하기 싫다고 해도 일부는 환전해야 한다. 시내 환전소에서 환전하는 것이 더 저렴하다는 이야기도 있지만 금액이 크지 않을 때에는 큰 금액의 차이가 없다.

4. 숙소에 대한 정보를 갖고 출발하자.

최근에 숙소를 꼭 호텔이나 호스텔만을 선택하지 않고 아파트를 선택하는 경우가 많아지고 있다. 숙소의 위치에 대해 정확한 정보가 없다면 숙소 근처에서 헤매거나 아파트의 주인과 연락이 안 되어 고생하는 일이 발생한다. 스마트폰의 구글맵으로 위치를 입력하고 찾는다면 수월할 수도 있으니 처음으로 도착해 익숙하지 않은 나라의 여행을 고생으로 시작하지 않도록 조심하자.

5. '관광지 한 곳만 더 보자는 생각'은 금물

발트 3국은 쉽게 갈 수 있는 해외여행지가 아니다. 사람마다 생각이 다르겠지만 평생 한번만 갈 수 있다는 생각을 하지 말고 여유롭게 관광지를 보는 것이 좋다. 한 곳을 더 본다고 여행이 만족스럽지 않다. 자신에게 주어진 휴가기간 만큼 행복한 여행이 되도록 여유롭게 여행하는 것이 좋다.

서둘러 보다가 지갑도 잃어버리고 여권도 잃어버리기 쉽다. 허둥지둥 다닌다고 발트 3국을 한 번에 다 볼 수 있지도 않으니 한 곳을 덜 보겠다는 심정으로 여행한다면 오히려 더 여유롭고 만족스러운 여행이 될 것이다.

6. 아는 만큼 보이고 준비한 만큼 만족도가 높다.

발트 3국의 관광지는 역사와 긴밀한 관련이 있는 곳이 많다. 그런데 아무런 정보 없이 본다면 재미도 없고 본 관광지는 아무 의미 없는 장소가 되기 쉽다. 역사와 관련한 정보를 습득하고 발트 3국 여행을 떠나보자. 준비하는 만큼 알게되고 만족도가 높아질 것이다.

7. 에티켓을 지키는 여행으로 현지인과의 마찰을 줄이자.

현지에 대한 에티켓을 지키지 않거나 몰라서 실수하는 대한민국 관광객이 늘어나고 있다. 이로 인해 대한민국에 대한 인식이 나빠지고 있다. 현지인에 대해 에티켓을 지켜야 하는 것이 먼저다.

8. 예약과 팁(Tip)에 대해 관대해져야 한다.

발트3국은 팁을 받지 않는 레스토랑이 대부분이다. 팁에 대해 미국처럼 신경을 쓰지 않아도 되어 편하게 이용할 수 있다. 하지만 고급 레스토랑은 다를 수 있다. 발트 3국의 물가가 저렴하기 때문에 고급 레스토랑에 방문하는 경우에는 1£ 정도의 팁은 주고 나오는 것이 에티켓이다.

발트3국에 관광객이 증가하는 이유 9

1. 천혜의 자연환경

개발이 아직 덜 된 발트 3국은 때 묻지 않은 자연환경이 전 세계적으로 유명하다. 유럽에서도 가장 높은 산림의 비율로 어디서든 다양한 자연이 전 세계 관광객들을 끌어 모으고 있다. 여름에는 에메랄드 바다, 계곡에서의 다이빙, 신비로운 반딧불 투어 등 재미가 동반된 여행을 할 수 있는 곳이다.

2. 안전한 치안

유럽연합에 가입하고 관광객 유치를 위해 치안을 강화한 결과 발트3국의 치안은 아주 훌륭하다. 특히 여름의 백야 때는 늦은 밤까지 관광지를 돌아다니는 데 두렵지 않다.
발트 3국은 안전과 치안에 있어선 크게 걱정할 필요가 없다.

3. 친절한 사람들

발트3국 사람들의 친절함은 둘째가라면 서러울 정도다. 우리에게는 다소 생소한 국가라서 겁날 때도 있지만 먼저 다가가 말을 걸면 친근감과 친절한 마음을 느낄 수 있다. 영어를 잘 못하는 불편함이 있지만 바디랭기지를 사용하여 대화가 충분히 잘 이루어질 수 있다.

4. 다양한 지역이 분포

발트 3국은 지역별로 각자 다른 개성과 매력을 가지고 있어 여행자들의 다양한 취향을 만족시켜 줄 수 있다. 탈린, 리가, 빌뉴스 같은 대도시에서는 세련된 도시를 느낄 수 있고, 소도시와 자연 관광지지역에서는 멋진 자연환경 속에서 재미를 선사하는 환경을 가지고 있다.

5. 북유럽여행의 대체 만족도가 있다.

북유럽을 여행하려는 사람들이 많지만 비싼 물가로 망설이거나 포기하는 여행자들이 있다. 발트 3국은 여름에 백야가 있고 겨울에는 긴 밤을 가지고 있고 위도가 북유럽과 비슷하다. 에스토니아는 핀란드와 사회 경제적으로 가까워서 핀란드 인들도 많이 여행하는 나라이다. 라트비아, 리투아니아도 북유럽의 생활과 거의 비슷하여 저렴하게 북유럽 여행을 즐길 수 있다.

6. 경제거인 여행이다.

가격적인 매력 때문에 많은 여행자들이 동유럽을 좋아하지만 발트3국은 더 가격적인 매력이 있다. 유럽인들도 불황이 심해지면서 저렴한 여행지를 선택하는데 저렴하고 볼 것 많은 발트 3국으로의 여행이 인기를 높이고 있다. 발트 3국을 여행하다보면 왜 다른 유럽국가에 밀려 여행자가 적은지 의아할 정도이다.

7. 빠른 속도로 성장하는 국가이다.

발트3국은 하루가 다르게 성장하고 있다. 불과 30여 년 전만 해도 러시아의 지배를 받았지만 독립 후에 빠른 속도로 급변하고 있다. 불황으로 점점 치안도 불안해지는 유럽 국가에서 에스토니아는 5%가 넘는 경제성장을 계속 거두고 있다.

8. 선택의 폭이 넓은 문화적 환경

발트 3국은 러시아의 지배를 오랫동안 받아왔기에 러시아의 영향이 컸다. 또한 에스토니아는 핀란드와 같은 민족이기에 독립한 이후 북유럽과 비슷한 문화적 환경에 처해왔다. 리투아니아와 라트비아는 동유럽과 비슷한 문화적 환경에 있어 발트 3국을 여행하면 북유럽, 동유럽, 러시아의 문화를 한꺼번에 경험할 수 있다.

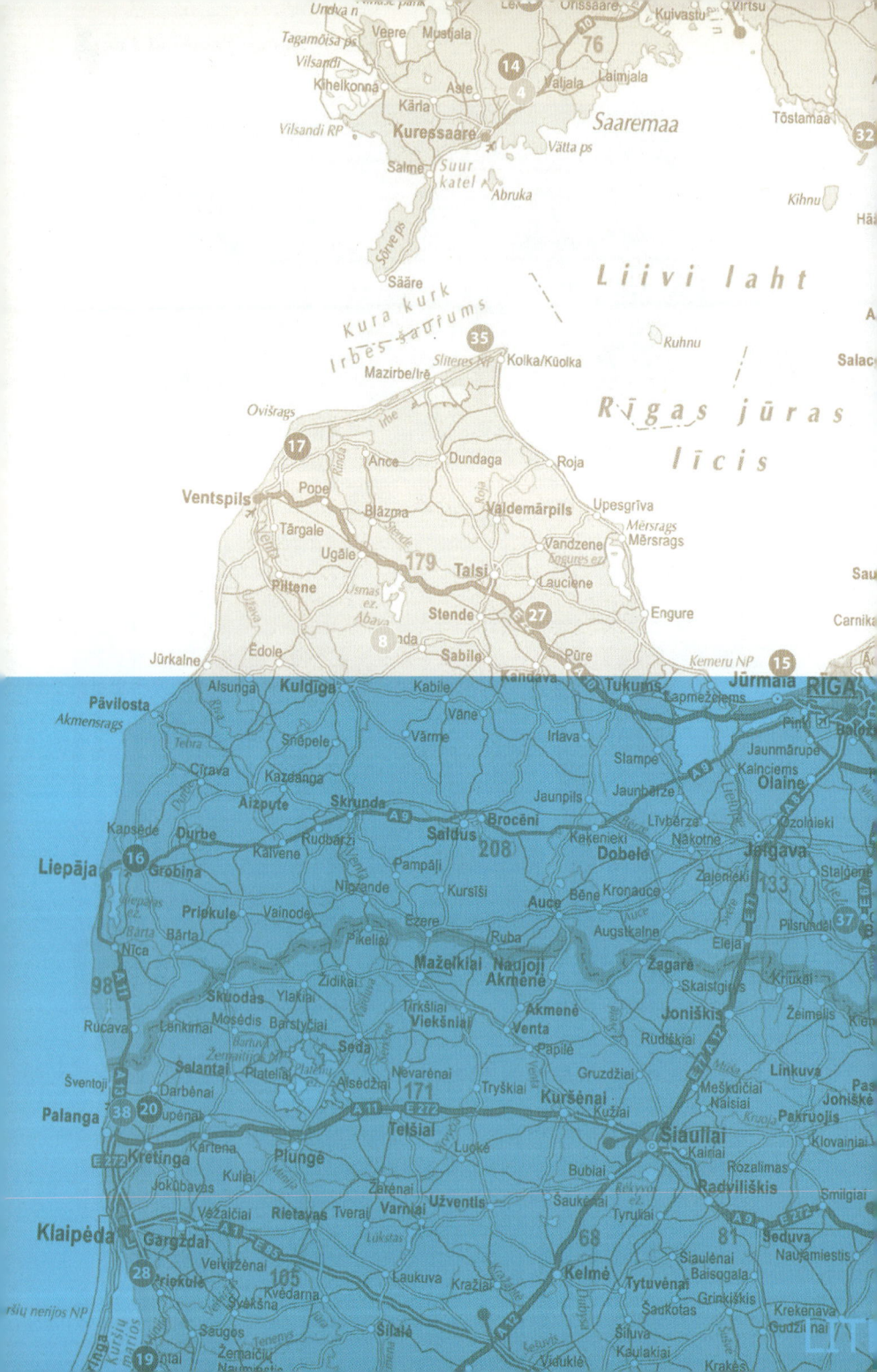

발트 3국 여행 계획 짜기

1. 주중 or 주말
발트 3국 여행도 일반적인 여행처럼 비수기와 성수기가 있고 요금도 차이가 난다. 7~8월의 성수기를 제외하면 항공과 숙박요금도 차이가 있다. 비수기나 주중에는 할인 혜택이 있어 저렴한 비용으로 조용하고 쾌적한 여행을 할 수 있다. 주말과 국경일을 비롯해 여름 성수기에는 항상 관광객으로 붐빈다. 황금연휴나 여름 휴가철 성수기에는 항공권이 매진되는 경우가 많이 발생하고 있다.

2. 여행기간
발트 3국 여행을 안 했다면 "발트 3국이 어디야?"라는 말을 할 수 있다. 하지만 일반적인 여행기간인 9박 10일의 여행일정으로는 모자란 관광명소가 된 나라가 발트 3국이다. 발트 3국 여행은 대부분 6박 7일이 많지만 발트 3국의 깊숙한 면까지 보고 싶다면 2주일 여행은 가야 한다.

3. 숙박
성수기가 아니라면 발트 3국의 숙박은 저렴하다. 숙박비는 저렴하고 가격에 비해 시설은 좋다. 주말이나 숙소는 예약이 완료된다. 특히 여름 성수기에는 숙박은 미리 예약을 해야 문제가 발생하지 않는다.

4. 어떻게 여행 계획을 짤까?
먼저 여행일정을 정하고 항공권과 숙박을 예약해야 한다. 여행기간을 정할 때 얼마 남지 않은 일정으로 계획하면 항공권과 숙박비는 비쌀 수밖에 없다. 특히 발트 3국처럼 뜨는 여행지는 유럽 내에서의 항공료가 상승한다.
저가 항공이 취항하고 있으니 저가항공을 잘 활용해 보자. 숙박시설도 호스텔로 정하면 저렴하게 지낼 수 있다. 유심을 구입해 관광지를 모를 때 구글맵을 사용하면 쉽게 찾을 수 있다.

5. 식사
발트 3국 여행의 가장 큰 장점은 물가가 매우 저렴하다는 점이다. 그렇지만 고급 레스토랑은 발트 3국도 비싼 편이다. 한 끼 식사는 비싸더라도 제대로 식사를 하고 한번은 발트 3국 사람들처럼 저렴하게 한 끼 식사를 하면 적당하다. 시내의 관광지는 거의 걸어서 다닐 수 있기 때문에 투어비용은 도시를 벗어난 투어를 갈 때만 교통비가 추가된다.

발트 3국 여행 계획하는 방법

발트 3국 여행에 대한 정보가 부족한 상황에서 어떻게 여행계획을 세울까? 라는 걱정은 누구나 가지고 있다. 하지만 발트 3국도 역시 유럽의 나라를 여행하는 것과 동일하게 도시를 중심으로 여행을 한다고 생각하면 여행계획을 세우는 데에 큰 문제는 없을 것이다.

1. 먼저 지도를 보면서 입국하는 도시와 출국하는 도시를 항공권과 같이 연계하여 결정해야 한다. 패키지 상품은 탈린부터 여행을 시작하고 배낭 여행자는 동유럽 여행과 연계하기 위해 리투아니아의 빌뉴스에서 여행을 시작한다.

2. 곧바로 에스토니아의 수도 탈린Tallinn이나 리투아니아의 빌뉴스Villnius로 입국을 한다면 발트 3국의 어느 도시에서 돌아올 것인지를 판단해야 한다. 돌아오는 방법에는 항공과 버스가 있다. 대부분은 항공을 이용하지만 돌아올 때 버스로 이동하려고 한다면 시간이 상당히 오랫동안 소요되므로 돌아오는 것은 신중히 결정해야 한다.

3. 입국 도시가 결정되었다면 여행기간을 결정해야 한다. 세로로 긴 발트 3국은 의외로 볼거리가 많아 여행기간이 길어질 수 있다.

4. 발트 3국의 각 나라에서 3일 정도를 배정하고 IN/OUT을 결정하면 여행하는 코스는 쉽게 만들어진다. 각 나라의 추천여행코스를 활용하자.

5. 10~14일 정도의 기간이 발트 3국을 여행하는데 가장 기본적인 여행기간이다. 그래야 중요 도시들을 보며 여행할 수 있다. 물론 2주 이상의 기간이라면 동유럽의 폴란드와 핀란드의 헬싱키까지 볼 수 있지만 개인적인 여행기간이 있기 때문에 각자의 여행시간을 고려해 결정하면 된다.

대부분의 패키지 상품은 러시아항공을 주로 이용하므로 모스크바를 경유한다. 발트 3국은 세로로 긴 국토를 가진 나라들이기 때문에 발트 해에 접한 북쪽의 에스토니아를 통해 탈린Tallinn으로 입국을 한다면 북쪽에서 남쪽으로 내려가서 폴란드 바르샤바로 가는 방법과 다시 러시아의 상트페테르부르크나 모스크바로 항공을 타고 돌아오는 루트가 만들어진다.

동유럽 여행을 위해 폴란드를 경유하여 입국한다면 버스로 리투아니아의 수도 빌뉴스를 시작하는 도시로 결정해야 한다. 리투아니아에서 라트비아, 에스토니아 순서로 여행을 하게 된다.

7일 코스

탈린 → 합살루 → 리가 → 바우스카
→ 샤울레이 → 빌뉴스

10일 코스

탈린 → 합살루 → 리가 → 바우스카
→ 샤울레이 → 빌뉴스 → 트리카이
→ 카우나스 → 시굴다 → 타르투 → 나르바

2주 코스

러시아 상트페테르부르크 → **에스토니아** 탈린 → 타르투 → 패르누 → **라트비아** 시굴다 → 리가 → 바우스카 → 룬달레 → **리투아니아** 샤울레이 → 카우나스 → 트라카이 → 빌뉴스

3주 코스

러시아 상트페테르부르크 → **에스토니아** 탈린 → 라헤마 국립공원 → 라크베레 → 나르바 → 타르투 → 패르누 → **라트비아** 체시스 → 시굴다 → 리가 → 바우스카 → 룬달레 → 유르말라 → 쿨디가 → **리투아니아** 클라이페다 → 샤울레이 → 카우나스 → 케르나베 → 트라카이 → 빌뉴스

발트 3국 여행 추천 일정

에스토니아 추천 여행코스

3일 일정

1. 탈린(2) – 패르누 Pärnu
2. 탈린(2) – 타르투 Tartu
3. 탈린(2) – 라헤마 국립공원
4. 탈린(2) – 사아레마 Saaremaa

5일 일정

1. 탈린 Tallinn (2) → 패르누 Pärnu → 타르투 Tartu
2. 탈린 Tallinn (2) → 라헤마 국립공원
   → 라크베레 Rakvere → 나르바 Narva
3. 탈린 Tallinn (2) → 타르투 Tartu → 브루 Võru

7일 일정

탈린 Tallinn → 라헤마 국립공원 → 라크베레 Rakvere
→ 나르바 Narva → 타르투 Tartu → 패르누 Pärnu → 합살루 Haappsalu

라트비아 추천 여행코스

3일 일정

1. 리가 Riga (2) → 시굴다 Sigulda → 체시스 Cēsis
2. 리가 Riga (2) → 유르말라 Jūrmala
3. 리가 Riga (2) → 가우야
4. 리가 Riga (2) → 바우스카 Bauska → 룬달레 Rundales

5일 일정

1. 리가 Riga (2) → 시굴다 Sigulda → 체시스 Cēsis → 발카 Valka
2. 리가 Riga (2) → 바우스카 Bauska → 룬달레 Rundales → 유르말라 Jūrmala
3. 리가 Riga (2) → 유르말라 Jūrmala → 벤츠필스 Ventspils

7일 일정

1. 리가 Riga (2) → 바우스카 Bauska → 룬달레 Rundales → 유르말라 Jūrmala → 쿨디가 Kuldiga → 벤츠필스 Ventspils
2. 리가 Riga (2) → 바우스카 Bauska → 룬달레 Rundales → 시굴다 Sigulda → 체시스 Cēsis → 발카 Valka

리투아니아 추천 여행코스

3일 일정

① 빌뉴스 Vilnius (2) → 트라카이 Trakai
   → 케르나베 Kernavè
② 빌뉴스 Vilnius (2) → 카우나스 Kaunas
③ 빌뉴스 Vilnius (2) → 샤울레이 Šiauliai
④ 빌뉴스 Vilnius (2) → 클라이페다 Klaipèda
   → 팔랑가 Palanga

5일 일정

① 빌뉴스 Vilnius (2) → 트라카이 Trakai
   → 케르나베 Kernavè → 카우나스 Kaunas
② 빌뉴스 Vilnius (2) → 샤울레이 Šiauliai
   → 클라이페다 Klaipèda → 팔랑가 Palanga

7일 일정

빌뉴스 Vilnius (2) → 트라카이 Trakai
→ 케르나베 Kernavè → 카우나스 Kaunas
→ 샤울레이 Šiauliai → 클라이페다 Klaipèda
→ 팔랑가 Palanga

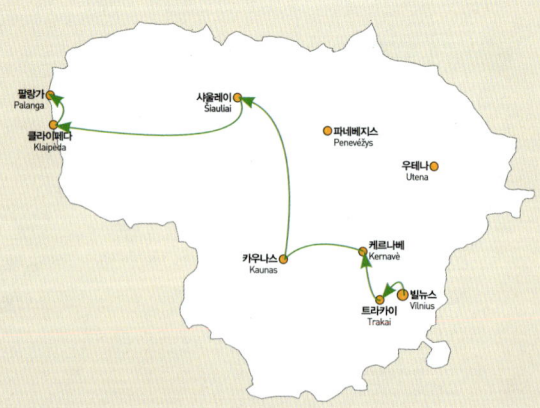

발트 3국 여행 물가

발트 3국 여행의 가장 큰 장점은 매우 저렴한 물가이다. 발트 3국 여행에서 큰 비중을 차지하는 것은 항공권과 숙박비이다. 항공권은 핀란드의 헬싱키나 러시아의 상트페테르부르크, 폴란드의 바르샤바까지 가는 항공을 저렴하게 구할 수 있다면 핀란드에서 페리나 폴란드에서 버스, 러시아에서 기차로 8~17만원 사이에 있다.

숙박은 저렴한 호스텔이 원화로 1만 원대부터 있다. 항공권만 빨리 구입해 저렴하다면 숙박비는 큰 비용이 들지는 않는다. 하지만 좋은 호텔에서 머물고 싶다면 더 비싼 비용이 들겠지만 유럽보다 호텔의 비용은 저렴한 편이다.

▶ 왕복 항공료 | 83~188만원
▶ 페리, 버스, 기차 | 3~17만원
▶ 숙박비(1박) | 1~10만원
▶ 한 끼 식사 | 3천~4만원
▶ 교통비 | 1,350~2,700원(1~2€)
▶ 입장료 | 2,700~30,000원(2~8€)

구분	세부 품목	6박 7일	8박 10일
항공권	저가항공, 대한항공	830,000~1,880,000원	
공항버스, 공항기차	버스	약4~5,000원	
숙박비	호스텔, 호텔, 아파트	10,000~500,000원	80,000~800,000원
식사비	한 끼	3,000~100,000원	
시내교통	버스	1,350~2,700원(1~2€)	
입장료	박물관 등 각종 입장료	2,000~8,000원(1.5~8€)	
		약 1,270,000원~	약 1,590,000

발트 3국 여행에서 알면 더 좋은 지식

발트 3국 여름은 하얀 밤의 백야

백야는 밤에도 해가지지 않아 어두워지지 않는 현상이다. 주로 북극이나 남극 등 위도가 48° 이상으로 높은 지역에서 발생한다. 발트 3국의 수도중 가장 낮은 위도인 리투아니아의 빌뉴스가 54°이며 가장 높은 에스토니아는 러시아의 상트페테르부르크와 같은 59.5°에 위치해 있으므로 여름에는 백야가 일어난다. 겨울에는 반대로 극야가 나타나게 된다.

7월 9시 40분의 에스토니아의 탈린 풍경

백야가 일어나는 원인은 지구가 자전축이 기울어진 채 공전하기 때문이다. 즉 지구가 기울어진 머리를 태양 쪽으로 기울고 자전하는 동안 발트 3국 땅에 태양 빛을 받는 시간이 많아지므로 여름에 많은 시간은 햇빛을 받는다.

백야는 위도가 높을수록 기간이 길어지므로 6~8월까지 백야가 일어난다. 이 기간에 어두운 밤은 길어야 6시간 정도밖에 지속되지 않는다. 반대로 겨울에는 밤이 길다. 그래서 추운 겨울이 더욱 오랜 시간 지속된다. 발트 3국은 봄, 여름, 가을, 겨울이 아니라 여름과 겨울만이 존재한다. 11~4월까지 겨울이 지속되어 봄은 건너뛰고, 여름에 백야는 해를 맞이하는 축제와 다름없다. 여름에 발트 3국에 관광객이 몰려들어 숙소를 찾기 힘든 것은 이 때문이다.

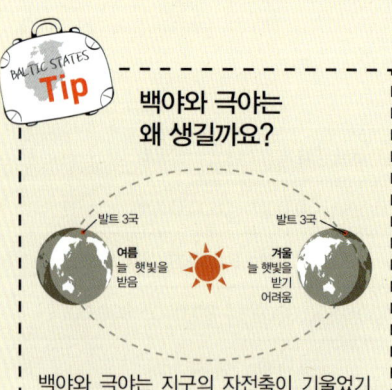

Tip — 백야와 극야는 왜 생길까요?

백야와 극야는 지구의 자전축이 기울었기 때문에 일어난다. 발트 3국은 북극에 가깝기 때문에 여름이면 태양쪽으로 기울고, 겨울이면 태양의 반대쪽으로 기울어진다. 그래서 낮이 이어지거나, 밤이 이어지는 날이 생긴다.

겨울은 어두운 밤의 극야

6~8월까지 짧은 여름이 끝나고 나면 가을은 1달도 지속되지 않고 10월부터 추워져 11월이면 겨울이라고 생각된다. 극야에서 나타나는 오로라는 11월에서 다음해 4월까지 볼 수 있지만 발트 3국에서는 볼 수 없다.

오로라는 지구 밖에서 지구로 들어오는 태양의 방출된 입자가 지구대기의 공기 분자와 충돌하면서 빛을 내는 현상이다.

태양풍을 따라 지구 근처로 다가오면 지구의 자기장에 끌려 대기 안으로 들어온다. 지구 자극에 가까운 북반구와 남반구의 고위도 지방

에서 주로 볼 수 있다. 여름의 백야가 일어나는 지역에 극야에 오로라가 관측된다. 오로라 여행으로 핀란드의 라플란드 지역을 찾는 오로라 여행자들이 많다. 안타깝게 발트 3국에서 오로라는 볼 수 없다.

백만 송이 장미 노래의 유래

'백만 송이 장미' 노래는 TV 프로그램 '복면가왕'과 '나의 아저씨'라는 드라마에도 나왔다. 우리에게 심수봉의 '백만 송이 장미'로 사랑에 대한 노래로 알려져 있지만 라트비아의 독립에 대한 염원과 아픔 등을 담은 노래였다.

라트비아의 가요 '마라가 준 인생Davaja Marina'이란 곡을 러시아어로 (Миллион алых роз, 밀리온 알리흐 로스)번안한 곡이다. 러시아의 가수 알라 푸가초바가 불러 대중에게 알려졌다. 이 곡은 핀란드와 스웨덴, 헝가리, 대한민국, 일본에서도 번안되어 널리 알려졌다.

초기 백만 송이 장미(라트비아)

'백만 송이 장미'의 원곡인 '마라가 딸에게 준 삶Dāvāja Mārina meitiņai mūžiņu'은 1981년 라트비아의 방송국이 주최한 가요 경진대회에 출전한 아이야 쿠쿨레Aija Kukule, 리가 크레이츠베르가Līga Kreicberga가 불러 우승한 노래이다. 작곡은 라이몬즈 파울스Raimonds Pauls, 작사는 레온스 브리에디스Leons Briedis가 했다.

가사 내용

'백만 송이 장미'와 전혀 다른 내용으로 당시 소련 치하에 있던 라트비아의 역사적 아픔과 설움을 은유적으로 표현한 것이다. 운명의 여신 마라가 라트비아라는 딸을 낳고 정성껏 보살폈지만 가장 중요한 행복을 가르쳐주지 못하고 그냥 떠나버렸기 때문에 성장한 딸에게 기다리고 있는 것은 독일과 러시아의 침략과 지배라는 끔찍한 운명이었다는 이야기를 표현하고 있다. 2002년에 라트비아의 힙합 가수 오졸스Ozols가 자신의 앨범 'Augstāk, tālāk, stiprāk'에 랩을 가미해 불렀다.

마리나는 딸에게 생명을 주었지만
딸에게 행복을 선물하는 걸 잊으셨다네.
순례자인 어머니가 순례자인 딸을 낳은 아프지만 아름다운 세상
늘 함께 살고 싶어도 함께 할 수 없는 엄마와 딸이
서로를 감싸주며 꿈에서도 하나 되는 미역빛 그리움이여

인기를 얻은 러시아 노래

알라 푸가쵸바가 불러 대중에 널리 알려진 곡 '백만송이 장미'의 가사는 안드레이 보즈네센스키가 작사한 것으로, 조지아의 화가 니코 피로스마니가 프랑스 출신 여배우와 사랑에 빠졌던 일화를 바탕으로 쓴 것이다. 1982년 싱글로 발매했다.

호박(Amber)

먹는 호박이 아닌 침엽수의 송진이 굳어 만들어진 호박을 말하는 것이다. 발트 해에 이전에는 바다였던 송진이 굳어 형성된 호박이 폭풍우가 몰아치면 바다 속을 뒤집어 버리면서 바닷가로 호박이 올라온다. 발트 3국을 여행하면 호박 박물관부터 호박 공예가 발달되어 있는 것을 발견할 수 있다.

샤슬릭

러시아어로 '샤슬릭'이라고도 불리는 조지아의 '므츠바디'는 고기를 잘라 소금, 후추, 와인 등으로 간을 알맞게 한 다음 쇠꼬챙이에 꽂아 굽는 요리다. 조지아에서는 포도나무 가지로 불을 피운 뒤 그 잔열에 익히는 것이 특징이다. 발트 3국에서 양고기, 소고기, 닭고기는 물론 다양한 돼지고기 샤슬릭도 맛볼 수 있다.

미소의 다른 개념

외국인이라고 하면 우리는 친절한 미소로 웃으며 대화를 나눈다. 그렇지만 러시아의 지배를 받은 발트 3국에서는 미소를 함부로 남발하면 안 된다. 미소를 자주 지으면 진실하지 못한 사람으로 생각하게 된다. 발트 3국 사람들은 아는 지인에게만 미소를 지으며 어떤 이야기를 해야 할 경우에만 미소로 대응한다. 발트 3국에서 불친절하다고 이야기하는 관광객이라면 한번쯤은 미소의 다른 개념을 알면 좋을 것이다.

러시아의 지배를 받은 발트 3국은 아직까지 러시아의 잔재가 많이 남아 있다. 상냥한 미소로 인사하는 카페의 직원을 기대했다면 불친절하다고 느낄 수 있다. 그래도 자본주의화하면서 관광객이 늘어나 자신들에게 직접적으로 도움이 된다고 판단한 에스토니아 탈린 시민이나 카페나 레스토랑의 직원들은 미소를 지어준다. 관광객이 늘어나면서 시민, 카페 직원들이 바뀐 것이다.

러시아는 진실로 기분이 좋았을 때만 미소로 표현하며 러시아에서 미소로 다른 사람을 기분 좋게 하거나 용기를 주는 미소는 없다. 어떤 사람이 미소를 지으면 러시아인은 미소에 대한 이유를 찾기 위해 생각한다. 그래서 공항의 세관검사나 상점의 직원, 음식점의 종업원들도 웃지 않는다.

아르누보(Art nouveau)

발트 3국을 여행하면 아르누보 양식의 건물을 쉽게 볼 수 있다. 특히 라트비아의 수도 리가에서는 곳곳에 아르누보 양식의 건물이 보인다. 19세기 말~20세기 초에 걸쳐 유럽과 미국에서 유행한 장식의 양식을 뜻하는 말로 '아르누보$^{Art\ nouveau}$'는 영국·미국에서 부른 말이었다.

아르누보는 유럽의 전통적 예술에 반발하여 예술을 수립하려는 당시 미술계의 풍조로 특히 모리스의 미술공예운동, 클림트나 토로프, 블레이크 등의 회화의 영향이 컸다. 아르누보의 작가들은 전통으로부터의 이탈, 새 양식의 창조를 지향하여 자연주의·자발성·단순 및 기술적 완전을 이상으로 했다.

건축·공예가 그리스, 로마 또는 고딕에서 기인하는 데 대해 아르누보 양식은 모든 역사적인 양식을 부정하고 자연에서 모티프를 빌려 새로운 표현을 창조하려고 했다. 덩굴풀이나 담쟁이 등 식물에서 연상되는 유연하고 유동적인 선과, 곡선 또는 불의 무늬 형태 등 특이한 장식을 했고, 유기적이고 움직임이 있는 모티프를 즐겨 좌우대칭이나 직선은 고의로 피했다. 그리하여 디자인은 곡선·곡면의 모여 있는 유동적인 미를 낳아 견고한 구축기능에 기초를 둔 합리성을 소홀히 하여 기능을 무시한 형식주의적이고 탐미적인 장식으로 빠질 위험도 컸기 때문에 아르누보가 단명한 양식이 되었다.

맥머드의 교회의 팸플릿 표지는 아르누보의 선구라고 한다. 아르누보의 전성기는 1895년부터 약 10년간이다. 그보다 이전인 1880년대에는 영국의 맥머드, 미국의 설리번, 스페인의 가우디 등이 그래픽디자인이나 건축에서의 곡선적인 형태의 작품을 발표하였다. 영국의 매킨토시, 벨기에의 반 디 벨데와 오르타, 프랑스의 기마르와 가이야르, 이탈리아의 다론코 등의 작가가 활발하게 작품을 발표하게 되면서 아르누보는 널리 그리고 급속도로 보급되었다.

그런데 1910년부터 건축과 공예는 기능과 사회성을 중요시하는 풍조가 강해지면서 R.랄리크의 보석 디자인, E.가레의 유리공예, 미국 티파니의 유리그릇과 스페인에서 계속된 가우디의 건축활동 등 예외를 제외하고 아르누보는 소멸해 갔다. 역사와 전통에 반항하여 현대미술의 확립에 선구적이고 근대운동에 끼친 영향력에 대해서는 높이 평가해야 한다.

발트 3국 IN

항공

인천공항에서 발트3국으로 들어가는 직항노선은 없다. 에스토니아는 에스토니아 항공Estonian Air, 라트비아는 에어 발틱Air Baltic이라는 국적항공기를 가지고 있지만 노선이 많지 않아 여행자에게 도움이 많이 되지는 않는다.

발트 3국은 대체로 폴란드나 핀란드의 헬싱키를 통해 입국하기 때문에 발트3국 직항노선을 가지고 있는 항공사는 유럽의 항공사를 제외하고 거의 없다. 폴란드 바르샤바까지 직항이 있기 때문에 폴란드를 통해 입국하거나 핀란드의 헬싱키를 통해 항공노선을 찾을 수 있다.

러시아의 상트페테르부르크까지 이동해 기차나 비행기로 탈린으로 이동하는 방법도 있는데 주로 패키지 여행상품에서

러시아와 발트 3국을 동시에 여행하는 방법으로 홍보를 하고 있다.

동유럽의 프라하, 바르샤바, 프랑크푸르트, 암스테르담, 러시아의 모스트바 등을 통해 항공기를 찾을 수 있다. 가장 빨리 발트 3국으로 가는 방법은 핀란드의 헬싱키까지 핀에어Finnair로 9시간에 도착해 바로 에스토니아의 탈린이나 리투아니아의 빌뉴스까지 한번만 갈아타면 비행시간만 10시 30분 정도에 도착할 수 있다.

Eastern Europe Travel with Car

저가항공인 영국의 이지젯^{EasyJet}, 아일랜드의 라이언에어^{RyanAir} 등을 이용해 입국하는 방법도 있지만 다른 항공사와 이어지는 노선을 찾기가 힘들다.
- ▶이지젯 | www.easyjet.com
- ▶라이언에어 | www.ryanair.com
- ▶에어 발틱 | www.airbaltic.com

기차

유레일 패스를 이용해 발트 3국을 여행하기는 힘들다. 그래서 발트 3국의 여행이 대중화되기가 힘들었을 수도 있다. 다른 유럽의 나라들은 유레일패스로 기차가 연결이 잘 되어 있어서 여행을 하기에 좋지만 발트 3국은 기차노선이 대중화되지 않았다.

유레일패스가 폴란드, 체코 등의 동유럽 기차는 발트 3국으로 갈 수 없다.

반대로 러시아의 상트페테르부르크에서 에스토니아의 탈린까지는 이용이 가능하여 러시아인들이 상트페테르부르크에서 탈린으로 여행을 많이 한다.

페리

핀란드 헬싱키에서 에스토니아의 탈린으로 가는 방법 중에 유람선을 타고 다녀오는 방법이 있다.

핀란드의 헬싱키에서 주말에 페리를 타고 에스토니아 탈린으로 이동하면 많은 핀란드 인들을 만날 수 있다.

이들은 물가가 저렴한 탈린에서 관광을 하고 마트에서 원하는 물품과 면세품인 술과 초콜릿 등을 구입해 헬싱키로 당일치기로 이동한다.

저렴한 페리를 타고 탈린으로 이동이 가능하여 헬싱키와 발트 3국을 연계하여 여행하는 경우도 많다. 헬싱키뿐만 아니라 스톡홀름과도 페리로 자주 연결되므로 북유럽 여행과 발트 3국 여행을 연결하면 편하다.

저렴한 페리
당일로 이용할 때 저렴한 에크로 라인(ECKERO LINE)이 가장 저렴하고 탈링크(TALLINK)가 가장 비싸지만 때에 따라 다르기 때문에 사전에 확인하고 이용해야 한다.

시설
유람선은 7층 이상으로 가족실을 비롯해 다양한 선실을 갖추고 있고 선내에는 뷔페식 레스토랑을 비롯하여 디스코텍, 바, 사우나와 면세점도 갖추고 있어 다양한 부대시설을 갖추고 있다. 바다에 떠 있는 호텔이라고 할 만큼 모든 면에서 부족함이 없다. 저녁에 바다 저편으로 노을이 지는 것을 바라보면서 여행의 또 다른 재미를 느끼게 된다.

페리회사
헬싱키, 스톡홀름
→ 에스토니아 탈린, 라트비아 리가
▶TALLINK | www.tallink.com
▶ECKERO LINE | www.eckeroline.ee
▶SUPERSEACAT
 | www.superseacat.com
▶NORDIC JET LINE | www.njl.ee
▶VIKING LINE | www.vikingline.ee

스웨덴, 독일 → 라트비아 벤츠필스, 리투아니아 클라이페다
 | www.scandlines.lt

버스

발트 3국 간의 이동은 기차의 레일이 부족하기 때문에 버스로 주로 여행을 한다. 유로라인이나 에코라인(라트비아 소유) 같은 버스회사들이 운행하고 있다. 발트 3국은 국토가 작은 나라이기 때문에 버스로 이동해도 7시간 소요되지 않는다.

버스(Lux Express) 내에서 식사를 할 수 있는 서비스를 제공해주기도 한다. 7~8월의 성수기가 아니라면 발트 3국 여행을 시작하기 전에 발트 3국 여행 중에 충분히 버스티켓 구매가 가능하다. 발트 3국

여행자가 늘어나기 때문에 성수기에는 사전에 예약을 하고 여행하는 것이 좋다.
▶ 에코라인 | www.ecolines.net

자동차

고속도로가 거의 없고 대부분은 국도이기 때문에 톨게이트비용은 없다. 도로 위 휴게실 시설도 많지 않아서 도로 옆에 있는 큰 마트를 주로 이용한다. 아니라면 여행 중 필요한 식사준비를 철저히 하는 것이 좋다.

발트 3국 도로

에스토니아 탈린과 라트비아 리가는 309km로 자동차 4~5시간 정도면 이동이 가능하며, 이외에 비행기 버스, 기차도 가능하다. 라트비아 리가와 리투아니아 빌뉴스는 자동차로 이동시, 294km 3~4시간 정도 소요되며 매일 20회의 버스 운행을 하고 있다. 발트 3국을 여행하면 렌트카로 여행하는 것이 편리하다는 것을 알게 된다.

렌트카로 여행을 하다보면 각국의 도로 사정을 파악하는 것이 중요하다는 사실을 알게 된다. 먼저 발트 3국을 여행하면서 고속도로를 이용하지 않는다.

1. 'E'로 시작하는 국도를 이용한다.

E 67번은 탈린Tallinn에서 시작해 라트비아의 리가Riga를 거쳐 리투아니아의 카우나스Kaunas까지 이어져 있다. 빌뉴스까지는 E 272번 국도를 타면 된다. 각국의 도로는 'E'로 상징이 되는 국도 몇 번이 연결되어 있는지 파악하고 이동하면서 도로 표지판을 보고 이동하면 힘들이지 않고 목적지에 도착할 수 있다.

2. 'Via Baltic'

리투아니아에서 남쪽의 폴란드로 이동하기 위해서는 'Via Baltic'이라는 도로로 이어져 있다. 북쪽의 에스토니아 탈린은 발틱해를 다니는 크루즈가 매일 운항하여 북유럽의 헬싱키와 스톡홀름의 여행자들에게도 큰 인기가 있는 여행 코스이다.

3. 각국의 국경을 통과할 때 입국수속이나 검문은 없다.

국경을 넘을 때 입국 수속이나 검문이 있을 것으로 예상했는데 싱겁게도 버스가 그냥 지나쳤다. 검문소가 있긴 했지만, 우리나라처럼 국경선 개념이 엄격히 통제되고 있지 않았다.

POLAND

폴란드

Eastern Europe Travel with Car

리투아니아

올슈틴
Olsztyn

바아위스토크
Białystok

벨라루스

바르샤바
Warszawa

루블린
Lublin

우치
Łódź

자모시치
Zamość

키엘체
Kielce

우크라이나

오시비엥침
Oświęcim

제쇼프
Rzeszów

크라쿠프
Kraków

타르누프
Tarnów

자코파네
Zakopane

About 폴란드

폴스카^{Polsca}, 폴란드^{Poland}는 낮은 땅을 뜻한다. 강대국 독일과 러시아의 틈바귀 속에서 끊임없는 시련에 내몰려도 조국 폴란드를 포기하지 않는 민족 폴란드는 낮은 땅 폴란드를 다시 세워 당당하고 높아 보인다. 옛날부터 폴란드는 스웨덴, 독일, 러시아, 오스트리아 등 주변 강대국들의 끊임없는 침략을 받았다. 농경지와 광물 자원이 풍부했기 때문이다. 하지만 폴란드는 숱한 어려움 속에서도 다시 일어선 강인한 나라이다.

주변 강대국의 많은 침략

기원전 2,000년 무렵부터 폴란드 땅에는 슬라브족이 살기 시작했다. 966년에 이르러 미에슈고 왕이 폴란드 왕국을 세우고 가톨릭을 받아들였다. 1386년에는 폴란드 여왕과 리투아니아의 대공이 결혼하면서 폴란드-리투아니아 연합 왕국이 세워졌다. 1400년대에 이 왕국은 발트 해에서 흑해에 이르는 넓은 영토를 가졌었다.

Eastern Europe Travel with Car

강대국에 의해 찢긴 폴란드

폴란드는 러시아, 스웨덴, 오스만 제국 등 여러 강대국과 전쟁을 치르면서 약해지기 시작했다. 그러다 1772년부터 러시아, 오스트리아, 프로이센 등 여러 강대국이 폴란드 땅을 나누어서 갖기 시작했다. 이런 일이 3번이나 일어나자 폴란드는 나라가 없어질 위기에 빠졌다. 1797년에는 국가가 소멸되어 지도에서 지워지기까지 하였다.

강인한 의지로 다시 일어선 폴란드

폴란드 인들은 결코 포기하지 않았다. 강대국들에 맞서 자치를 요구하며 봉기를 일으켰다. 제1차 세계대전이 끝나고 1918년에 폴란드는 독립을 맞이했다. 하지만 폴란드의 시련은 여기서 끝나지 않았다. 1939년 나치가 권력을 잡은 독일이 침략하면서 폴란드는 다시 독일과 소련에 점령당하였다. 1945년, 소련과 동맹을 맺고 사회주의 정부를 수립했던 폴란드는 1989년에야 자유화를 이루었다. 자유화 이후 자유 노조를 이끈 바웬사가 폴란드의 대통령에 당선되기도 했다.

코페르니쿠스　　쇼팽　　퀴리부인

애국심이 강한 폴란드인

폴란드 인들은 강대국의 침략 때문에 아픔을 많이 겪었다. 그래서 폴란드 사람들은 외국인에게 무뚝뚝하고 마음을 잘 열지 않는 편이다. 하지만 전쟁으로 상처 입은 나라를 다시 일으켜 세웠다는 자부심과 애국심은 대단하다. 폴란드는 동유럽에서 러시아, 우크라이나, 다음으로 인구가 많은 나라이다.

사람들은 대부분 가톨릭을 믿어서 교황 요한 바오로 2세가 폴란드 출신이라는 데 큰 자부심을 느끼고 있다. 폴란드 출신으로 유명한 과학자는 1400년대에 지구가 태양 둘레를 돈다는 지동설을 처음으로 주장한 천문학자 코페르니쿠스도 폴란드인이다. 이밖에도 폴란드에는 최초로 방사성 원소를 발견해 노벨상을 받은 과학자 마리 퀴리를 비롯해 많은 노벨상 수상자가 있다.

살기 좋은 평야

폴란드는 중부유럽의 대평원에 자리 잡고 있어서 대부분의 땅이 평지로 경사가 완만하다. 하지만 중남부의 타트라 산맥에는 높이가 2,499m나 되는 폴란드에서 가장 높은 리시 산도 있다. 동유럽의 알프스라고 불리는 타트라 산맥은 겨울이 되면 스키 등 겨울 스포츠를 즐기는 사람들로 붐빈다. 타트라 산맥 쪽에 있는 도시 자코파네는 폴란드의 겨울 수도라고 불리는 곳으로 유명한 이곳에서 2001년 유니버시아드 대회가 열리기도 했다.

풍부한 천연자원

폴란드는 천연자원이 풍부한 나라이다. 석탄은 세계에서 5번째로 매장량이 풍부하고 구리, 황, 아연 같은 광물 자원도 많다. 그 밖에 석회석, 고령토 등도 많이 나서 다른 나라에 수출하고 있다. 이처럼 풍부한 천연자원을 바탕으로 폴란드에서는 공업이 크게 발달하였다. 남부의 크라쿠프에서는 철강업이, 북부의 항구 도시 그단스크에서는 배를 만드는 조선업이 발달했다. 뿐만 아니라 자동차, 섬유, 기계 산업도 발달하고 있다. 국토의 절반이 농경지인 폴란드는 동유럽에서 손꼽히는 농업 국가이기도 하다.

폴란드를 꼭 가야하는 이유

1. 저렴한 물가

한동안 폴란드를 여행하는 여행자는 많지 않았다. 그러나 동유럽의 다른 유럽 건축물과 풍경이 여행객의 마음을 훔치면서 체코를 비롯해 오스트리아, 크로아티아까지 인기를 얻더니 지금은 폴란드에도 동유럽을 여행하면서 여행코스로 포함해 여행하는 관광객이 늘어나고 있다. 특히 폴란드는 매우 저렴한 물가로 여행자의 부담을 줄여준다.

2. 잘 보존된 중세 도시

폴란드의 옛 수도였던 크라쿠프는 폴란드가 얼마나 관광지가 많고 보존이 잘되어 있는지를 판단할 수 있는 대표적인 도시이다. 뿐만 아니라 포즈난, 토룬 등 대부분의 도시가 중세 도시 형태를 그대로 지금까지 이어오고 있다.

3. 슬픈 역사의 자취

나치 독일은 제2차 세계대전 동안 유대 인과 다른 민족들을 학살하는 만행을 저질렀다. 이것을 홀로코스트라고 한다. 1933년~1945년까지 나치 독일은 600만 명이 넘는 유대 인들을 죽였다. 이 가운데 110만 명이 폴란드의 아우슈비츠 집단 수용소에서 죽었고 그 중에는 폴란드 인들도 있었다. 인류 역사에서 다시는 일어나지 말아야 할 비극의 현장이 폴란드 남부의 도시 '오스비에침'과 '비르케나우라'에 보존되어 있다.

4. 폴란드는 친절해지고 있다.

우리에게 폴란드는 소련시절의 저항의 인물로 대통령까지 지낸 '바웬사'와 대한민국도 방문한 교황 '요한 바오로 2세'를 알고 있는 40대 이상과 득점기계 '레반도프스키'를 알고 있는 20대 정도일 것이다. 바르샤바 공항. 중앙역에 도착하면 바르샤바의 현대적인 모습을 보고 깜짝 놀랄 수도 있다.

폴란드는 현재 유럽에서 경제성장률이 높은 나라 중에 하나이다. 높아진 경제 성장률과 관광산업의 활성화로 친절해지고 있다. 여러 가지 이유가 있지만 소련시기 이후 러시아의 영향이 많았기 때문에 무표정하고 친절하지 않다는 인식이 크지만 겉으로는 무표정해서 상당히 순진한 사람들이 폴란드이다. 관광업의 활성화로 사람들은 외국인에 대해 관대하고 친절해지고 있다.

5. 폴란드는 안전하다.

유럽의 각 국가들은 밀려오는 난민과 발생한 테러 때문에 안전에 민감하다. 하지만 폴란드는 난민이 상대적으로 적고 테러도 발생한 적이 없다. 런던이나 파리의 길거리를 다니면 자주 경찰을 마주치지만 폴란드는 경찰을 보는 경우가 많지 않다. 왜냐하면 폴란드는 안전하기 때문이다. 소매치기 같은 좀도둑도 거의 없어서 자신이 조심한다면 여행지에서 좀도둑을 경계하면서 여행할 필요는 없어서 심리적으로 안정감을 느낀다.

여성여행자가 가장 조심하는 어두워진 밤거리를 다닐 때마다 걱정을 할 필요가 없다. 그러므로 후미진 뒷골목만 아니라면 걱정하지 말고 숙소를 예약하고 관광지를 여행해도 좋다.

Eastern Europe Travel with Car

6. 대한민국과 비슷한 정감 가는 요리

폴란드 전통요리는 비고스bigos, 플라키flaki, 골롱카golonka, 피에로기pierogi등이 있다. 비고스bigos는 잘게 썬 양배추를 소금에 절여 발효시킨 독일식 김치에 양념한 육류와 버섯을 넣은 것이다. 플라키flaki는 내장을 굽거나 튀긴 것이고, 골롱카golonka는 일종의 돼지족발이다. 피에로기는 치즈·육류 또는 과일로 속을 채운 밀가루 빵이다.

폴란드 수프는 걸쭉하고 영양가가 높은 편으로 보르스헤borsch(근대 수프), 보트빈카botwinka, 흘로드니크chlodnik, 크루프니크krupnik 등이 있다. 보통 수프는 메인 요리를 먹기 전에 내놓는다.

폴란드의 흔한 어류는 창꼬치·잉어·대구·가재·청어가 있다. 시큼한 크림과 베이컨 조각은 거의 모든 요리에 첨가하는 조미료이다. 후식으로 먹는 것은 찐 과일, 과일 푸딩, 과일이나 치즈를 넣은 팬케이크, 파치키paczki라 불리는 잼 도넛 등이 있다.

폴란드 여행 잘하는 방법

1. 도착하면 관광안내소(Information Center)를 가자.

어느 도시가 되도 도착하면 해당 도시의 지도를 얻기 위해 관광안내소를 찾는 것이 좋다. 공항에 나오면 중앙에 크게 'i'라는 글자와 함께 보인다. 환전소는 관광안내소 옆에 있어서 쉽게 찾을 수 있다.

바르샤바나 크라쿠프의 중앙역으로 폴란드로 입국하게 되었다면 플랫폼에서 위로 올라와 인포메이션 센터로 가서 지도를 받으면서 자신이 원하는 정보를 물어보는 것이 좋다.

2. 숙소로 이동하는 방법에 대한 간단한 정보를 갖고 출발하자.

쇼팽 바르샤바 국제공항에 도착하여 여행을 시작하거나 인접 국가에서 기차나 버스를 타고 바르샤바^{Warszawa}와 크라쿠프^{Krakow}에 도착한다면 택시보다 버스를 많이 이용하기 때문에 버스가 중요한 교통수단이다. 공항이나 기차역에서 내려 버스정류장도 잘 모르고 가려고할 때 당황하는 경우가 많이 발생한다.

만약 같이 여행하는 인원이 3명 이상이면 택시를 활용해도 비싸지 않기 때문에 택시로 이동하는 것도 생각해 보자. 다만 렌트카를 이용해 여행하는 것은 추천하지 않는다. 운전이 험하고 표지판을 보아도 어디인지 알 수 없어 렌트카로 원하는 곳을 찾기가 쉽지 않아 제한이 있을 수 있다.

3. 심(Sim)카드나 무제한 데이터를 활용하자.

공항에서 시내로 이동을 할 때나 기차역에서 숙소로 이동하려면 심Sim카드를 구입하여 구글맵을 사용해 숙소까지 이동하는 것이 좋다. 또한 저녁에 숙소를 찾아가는 경우에도 구글맵이 있으면 쉽게 숙소도 찾을 수 있어서 스마트폰의 필요한 정보를 활용하려면 데이터가 필요하다.

심(Sim카드를 사용하는 것은 매우 쉽다. 플레이Play와 T 모바일T Mobile, 오렌지Orange 유심을 구입해 데이터를 사용하면 된다. 1GB에 5~10즈워티(zł)이기 때문에 비용이 저렴하니 넉넉하게 데이터를 사용해도 된다.

심(Sim)카드 구입 주의사항

폴란드가 다른 유럽의 나라와 다르게 통신에 대해 정부의 통제하고 있기 때문에 반드시 여권을 제시하고 필요한 정보를 입력해야 한다.

1. 심카드만 구입하여 폰에 끼우더라도 작동을 하지 않기 때문에 여권을 보여주고 구입한 장소에서 정보를 입력해 달라고 이야기해야 한다. 직원이 심카드 번호와 여권 번호를 입력하여 작동이 되는지 확인을 반드시 해야 한다.
2. 심카드를 다른 폰에 끼우면 작동하지 않는다. 폴란드는 자신의 폰에서 사용하는 심카드를 다른 사람의 폰에 끼우고 사용하면 다시 해당 정보를 입력해야 하기 때문에 한번 심카드를 끼우고 사용하면 절대 폰에서 빼지 말아야 한다.
3. 많이 사용하는 심(Sim) 카드는 플레이(Play)와 T 모바일(T Mobile), 오렌지(Orange) 이다. 필자가 모든 심(Sim)카드를 다 사용해보니 T 모바일(T Mobile)이 가장 문제없이 소도시까지 잘 작동하였고, 플레이(Play)는 저렴하고 소도시에서 안 되는 현상이 발생하였으나 정확한 내용은 아니다. 오렌지(Orange) 심카드는 부정적인 인식이 있어 사용하지 않았지만 나중에 사용해 보니 문제는 없었다.

4. 달러나 유로를 '즈워티(PNL)'로 환전해야 한다.

공항에서 시내로 이동하려고 할 때 버스를 가장 많이 이용한다. 이때 폴란드 화폐, 즈워티PNL가 필요하다. 공항에서 필요한 돈을 환전하여 가고 전체 금액을 환전하기 싫다고 해도 일부는 환전해야 한다.

시내 환전소에서 환전하는 것이 더 저렴하다는 이야기도 있지만 금액이 크지 않을 때에는 큰 금액의 차이가 없다. 폴란드의 환전소는 '칸토르KANTOR'라고 부르니 미리 알고 가는 것이 좋다.

폴란드 화폐와 환전소

폴란드어로 "금"을 뜻하는 '즈워티(폴란드어: złoty)'는 폴란드의 통화로 1 즈워티zł는 100 그로시(grosz)에 해당된다. 즈워티는 'zł'로 표시한다.

환전소는 '칸토르(KANTOR)'라고 부르는데 가게 전체를 사용하는 곳부터 상점의 카운터 한곳에서 환전해주는 곳까지 다양하다. 각국의 통화 환율을 표시한 보드가 있는 환전소는 공인된 환전소라고 판단하면 이상이 없다. 칸토르(KANTOR)에서 환전을 해주면 대체로 큰 금액인 200zł이나 100zł로 환전해 주는 경우가 많기 때문에 소액으로 바꾸어 달라고 요청하여 받는 것이 사용하기에 편리하다.

폴란드에서 다른 유럽의 국가로 이동하게 된다면 인접국가에서 즈워티를 재환전하는 것이 어렵기 때문에 미리 환전하는 것도 잊지 말자.

폴란드 여행 계획 짜기

폴란드 여행에 대한 정보가 부족한 상황에서 어떻게 여행계획을 세울까? 라는 걱정은 누구 나 가지고 있다. 하지만 폴란드 여행도 역시 유럽의 나라를 여행하는 것과 동일하게 도시를 중심으로 여행을 한다고 생각하면 여행계획을 세우는 데에 큰 문제는 없을 것이다.

1. 먼저 지도를 보면서 입국하는 도시와 출국하는 도시를 항공권과 같이 연계하여 결정해야 한다. 동유럽여행을 하고 있다면 독일의 베를린에서 폴란드의 바르샤바부터 여행을 시작하고, 체코의 프라하에서 입국한다면 폴란드의 남부, 크라쿠프부터 여행을 시작한다.

폴란드항공을 이용한 패키지 상품은 많지 않다. 폴란드 항공은 인천과 바르샤바를 직항으로 왕복한다.
폴란드의 바르샤바-남부 체스트호바, 오시비엥침, 자코파네, 비엘리치카, 크라쿠프-서부의 브로츠와프, 포즈난, 토룬-북부의 그단스크에서 다시 바르샤바로 돌아오는 일정이다.

2. 폴란드는 네모난 국가이기 때문에 가운데의 바르샤바부터 여행을 시작한다면 북부의 그단스크나 남부의 크라쿠프를 어떻게 연결하여 여행코스를 만드는 지가 관건이다.
동유럽 여행을 위해 독일이나 체코를 경유하여 입국한다면 버스나 기차로 어디서부터 여행을 시작할지 결정해야 한다. 독일의 베를린에서 바르샤바로 이동하는 기차와 버스가 매일 운행하고 있고 체코의 프라하에서 크라쿠프로 입국하는 버스와 기차도 매일 운행하고 있다. 시작하는 도시에 따라 여행하는 도시의 루트가 달라지게 된다.

3. 입국 도시가 결정되었다면 여행기간을 결정해야 한다. 틀어진 네모난 모양의 국토를 가진 폴란드는 의외로 볼거리가 많아 여행기간이 길어질 수 있다.

4. 대한민국의 인천에서 출발하는 일정은 폴란드의 바르샤바에서 2~3일 정도를 배정하고 IN / OUT을 하면 여행하는 코스는 쉽게 만들어진다. 바르샤바 → 브로츠와프 → 포즈난 → 토룬 → 그단스크 → 푸츠오크 → 루블린 → 크라쿠프 → 비엘리치카 → 오시비엥침 → 바르샤바 추천여행코스를 활용하자.

5. 10~14일 정도의 기간이 폴란드를 여행하는데 가장 기본적인 여행기간이다. 그래야 중요 도시들을 보며 여행할 수 있다. 물론 2주 이상의 기간이라면 폴란드의 더 많은 도시까지 볼 수 있지만 개인적인 여행기간이 있기 때문에 각자의 여행시간을 고려해 결정하면 된다.

▶ 바르샤바 – 동부 → 북부 → 남부

8일 코스

바르샤바 → 브로츠와프 → 포즈난 → 그단스크 → 크라쿠프 → 비엘리치카 → 오시비엥침 → 바르샤바

10일 코스

바르샤바 → 브로츠와프 → 포즈난 → 토룬 → 그단스크 → 말보르크 → 루블린 → 크라쿠프 → 비엘리치카 → 오시비엥침 → 바르샤바

2주 코스

바르샤바 → 브로츠와프 → 포즈난 → 토룬 → 그단스크 → 말보르크 → 루블린 → 크라쿠프 → 체스트호바 → 비엘리치카 → 오시비엥침 → 자코파네 → 바르샤바

▶ 바르샤바- 남부 → 북부 → 남부

8일 코스

바르샤바 → 브로츠와프 → 포즈난 → 그단스크 → 크라쿠프 → 비엘리치카 → 오시비엥침 → 바르샤바

10일 코스

바르샤바 → 체스트호바 → 오시비엥침 → 비엘리치카 → 크라쿠프 → 브로츠와프 → 포즈난 → 토룬 → 그단스크 → 말보르크 → 바르샤바

2주 코스

바르샤바 → 체스트호바 → 오시비엥침 → 자코파네 → 비엘리치카 → 크라쿠프 → 브로츠와프 → 포즈난 → 토룬 → 그단스크 → 말보르크 → 루블린 → 바르샤바

크라쿠프 - 남부 → 북부 → 남부

8일 코스

크라쿠프 → 비엘리치카 → 오시비엥침 → 브로츠와프 → 포즈난 → 그단스크 → 바르샤바

10일 코스

크라쿠프 → 체스트호바 → 비엘리치카 → 오시비엥침 → 브로츠와프 → 포즈난 → 토룬 → 그단스크 → 말보르크 → 바르샤바

2주 코스

크라쿠프 → 체스트호바 → 오시비엥침 → 자코파네 → 비엘리치카 → 크라쿠프 → 브로츠와프 → 포즈난 → 토룬 → 그단스크 → 말보르크 → 루블린 → 바르샤바

폴란드 현지 여행 물가

항공권과 숙소, 렌트카 예약을 끝마치고 폴란드에 도착하면 여행하면서 어느 정도의 여행 경비를 챙겨야 하는지 궁금하다. 현지의 여행비용을 알아보자.

만약에 폴란드를 여행하려고 한다면 여행경비는 다른 유럽의 국가들보다 저렴하다는 사실에 놀라게 된다. 다른 동유럽 국가와 비교해도 상당히 저렴하다. 2014년 이후로 폴란드 경제는 지속적인 성장을 하면서 환경이 정비되고 여행할 수 있는 여건이 좋아졌다. 폴란드는 관광객에게 저렴하고 안전하게 쾌적한 여행을 할 수 있는 나라가 되었다. 저렴한 숙소와 맥주와 거리 문화로 폴란드는 떠오르는 관광국가로 성장하고 있다.

많은 관광객이 폴란드 바르샤바 공항으로 입국하여 여행을 하기보다 다른 유럽 국가를 여행하면서 들르는 국가로 인식하고 있다. 그래서 기차나 버스, 저가항공으로 입국하고 있다.

1. 다른 유럽의 국가들은 여름 성수기 시즌이 다가오면 숙박요금이 심하게 올라가는데 폴란드는 여름성수기철에도 여행경비가 저렴하다. 성수기도 저렴하기 때문에 비성수기에는 더욱 저렴한 숙박과 식비를 보면 심지어 성수기 대비 30%수준의 할인까지 떨어지기도 한다. 배낭여행자가 많은 폴란드는 저렴한 숙소인 유스호스텔YHA부터 아파트, 호텔까지 다양한 숙소를 선택할 수 있다.

2. 레스토랑에서의 점심식사는 20~70zł(원화 10,000원 이하)정도 부터이고 저녁도 차이가 없다.

3. LIDL같은 마트에서 구입한 재료를 이용해 한끼 정도를 해결한다면 식비용이 저렴해질 수 있다. 시장에서 구입한 채소와 과일은 우리나라보다 저렴하다. 또한 폴란드 바르샤바에는 아시안 마트가 있기 때문에 라면 같은 식재료도 구입이 가능하다.

4. 술은 더욱 싸다. 어디든지 구입할 수 있는 마트에서 파는 작은 병맥주가 약 10zł이며, 중간 정도의 수입와인은 20~40zł 정도이다.

5. 시내 교통버스요금은 3~7zł 정도 이다. 택시는 비싸지만 다른 유럽국가에 비해서는 저렴하기 때문에 급하거나 밤 늦은 시간에는 사용해도 비싸다고 느끼지는 않을 것이다.

6. 여름 성수기에 여행한다면, 저렴한 호텔에 묵고, 거의 매일 식당에서 먹고, 2~3개의 액티비티를 한다면 여행비용이 1인당 3~6만 원 정도 소요된다. 그러나 게스트하우스나 유스호스텔에 묵고 좀 저렴한 식사를 하면 비용을 절감하는 것이 가능하다. 이렇게 하면 하루에 3~4만 원 정도 여행비용이 들 것이다.

7. 대한민국 여행자에게 폴란드는 여행하기에 저렴한 나라로 박물관과 갤러리 입장료도 전혀 비싸지 않은 적당한 수준이다. 대부분의 박물관 입장료는 5~15zł 수준으로 생각하면 된다. 같은 단체가 운영할 경우 다른 박물관의 입장료를 할인해주기도 한다.

폴란드 여행 비용

폴란드 여행에서 큰 비중을 차지하는 것은 항공권과 숙박비이다. 항공권은 직항인 폴란드 항공이 왕복 73만 원대부터 있다. 숙박은 저렴한 호스텔이 1박에 원화로 1만 원대부터 있어서 항공권만 빨리 구입해 저렴하다면 숙박비는 큰 비용이 들지는 않는다. 하지만 좋은 호텔에서 머물고 싶다면 더 비싼 비용이 들겠지만 유럽보다 호텔의 비용은 저렴한 편이다.

▶ **왕복 항공료** | 73~158만 원
▶ **숙박비(1박)** | 1~20만 원
▶ **한 끼 식사** | 3천~3만 원
▶ **교통비** | 420원

구분	세부품목	6박 7일	12박 14일
항공권	직항, 경유	730,000원 ~	
교통	공항버스, 코치버스	100,000원 ~	
숙박비	호스텔, 호텔, 아파트	100,000원 ~	
식사비	1끼 식사	23,000~300,000원	
시내교통	버스, 자전거	10,000~40,000원	
입장료	박물관 등 각종 입장료	10,000~40,000원	
		약 1,430,000원 ~	약 1,830,000원 ~

축제

"모든 날이 경축하기에 좋다"라는 유명한 폴란드 속담이 있다. 이는 폴란드 문화를 잘 보여주는 예이다.

보제 나로제니에 (Boze Narodzenie)

기독교 전통과 관련된 가장 큰 축하의식은 보제 나로제니에Boze Narodzenie라 불리는 크리스마스와 비엘카노크Wielkanoc라 불리는 부활절이다. 이외에도 성인들의 축제일이 많이 있다. 그 축제일은 다수가 성모마리아를 위한 것이다. 폴란드의 가톨릭교도들은 매년 성모마리아에게 서약하는 흥미로운 전통을 가지고 있다. 하나의 어머니 즉 보구로지카Bogurodzica는 폴란드 왕권의 수호자이다. 사람들은 보통 첸스토호바, 즉 검은 성모마리아상 사원에 가서 마리아에게 새로이 자신들의 맹세를 한다.

사진제공 : 네이버 지식백과

성 요한 전야제(St. John's Eve)

가장 인기 있는 휴일들 중 하나이다. 이는 원래 악마를 쫓기 위한 이교도의식이었다. 큰 모닥불을 피워, 그 불을 에워싸고 젊은이들이 춤을 추며 소녀들에게 끼얹을 물이든 물통을 들고 모닥불 위로 뛰어넘기도 한다.

폴란드의 중요한 공휴일

설날, 성 금요일, 만성절, 성체 축일, 노동절이 있다. 한때 공산주의의 위력을 끊임없이 상기시켜 주었던 노동절은 이제 공산주의에 대한 자유노조의 승리를 기념하는 날이 되었다.

폴란드의 억압적인 공산주의 체제하에서, 미술과 연극은 국가에 대한 저항을 표현하는 매체역할을 하였다. 시엔키에비치(Henrik Sienkiewicz)는 로마 네로 황제시기를 그린 소설 '쿠오바디스(Quo Vadis)'로, 레이몬트(W ladys law Reymont)는 폴란드의 서사소설 '농민(Chlopi)'으로, 밀로시(Czeslaw Milosz)는 그의 시로 각각 노벨문학상을 수상하였다. 프르지보스 (Julian Przybos)와 투빔(Julian Tuwim)같은 20세기 시인들은 폴란드인의 봉기들을 기리고 공산주의 정권에 반대하는 시들을 썼다.

역사

폴란드는 대서양에서 우랄산맥까지 뻗어 있는 북유럽 평원을 따라 가운데 자리하고 있다. 이러한 지리적 조건은 폴란드인들을 거대한 흥망성쇠로 이끄는 데 한몫 하였다. 국토의 경계가 극적으로 변화한 데서도 잘 나타나 있다.

중세 초기
서 슬라브인들이 비츌라Vistula와 오데르Oder 강 사이의 평원에 이주하였고 이 때문에 그들은 평원의 사람들이라는 뜻의 '폴라니안Polanians'이라고 불리게 되었다.

10~13세기
966년, 미에즈코Mieszko 1세는 로마 제국으로부터 이 지역의 영주 지위를 인정받는 대신 기독교를 채택하였다. 그리하여 피아스트Piast왕조가 성립되었고, 이후 폴란드를 400여 년 간 다스렸다. 그의 아들 용사 볼레스라브Boleslav는 1025년 폴란드 최초의 왕에 즉위하였다.
이 지역의 패권을 차지한 폴란드 초기 세력은 오래가지 못하였다. 독일의 세력이 커지면서 폴란드는 1038년 수도를 포즈난에서 크라쿠프로 옮겼다. 1226년 마조비아의 왕자가 북부에 남아있던 이교도들을 개종시키기 위해 일단의 독일 십자군을 불러들였다. 이일을 받아들이면서 튜튼 기사단은 발트해 연안의 상당부분을 정복하였으며 이 때 이교도나 폴란드인 모두가 심하게 피해를 입었다. 남부 역시 문제를 안고 있어서 23세기 중반 두 번에 걸쳐 크라쿠프를 약탈한 타타르 인들과 싸우지 않으면 안 되었다.

14~15세기

왕국은 결국 1333~1370년까지 재위한 카지미에라즈^{Kazimierz} 3세에 의해 개건되었다. 1386년 폴란드 왕녀 야드비가^{Jadviga}와 리투아니아 대공 야기엘로^{Jagiello}의 결혼식은 폴란드의 황금시대를 여는 계기가 되었다. 폴란드와 리투아니아와의 결합은 발트해에서 흑해에 이르는 유럽 대륙의 커다란 세력을 만든 것이다. 양국은 막강한 군대를 조직하여 1410년 그룬발트^{Grunwald}의 싸움에서 튜튼 기사단을 철저히 제압하였다.

16세기

16세기에 이르러 현명한 지그문트^{Zygmunt} 1세에 의해 르네상스가 이룩되었으며 예술과 과학에 막대한 지원이 이루어졌다. 이때가 코페르니쿠스에 의해 우주에 관한 여러 사실들이 재정리되던 시기이다. 다른 유럽 국가들이 종교분쟁으로 갈라져 있을 때 폴란드는 인내심을 보였으며 이로 인해 박해받던 사람들, 특히 유대인들의 피난처가 되었다. 1509년 폴란드와 리투아니아는 정식으로 합병되었다.

1572년

야기엘로 왕조가 1572년에 끝나면서 폴란드가 들여온 스웨덴 왕은 수도를 바르샤바로 옮겼다. 이때 귀족들은 왕을 선거에 의해 뽑힌 의회의 공직으로 만듦으로써 왕권에 대한 지배력을 공고히 했다. 귀족들에 의해 장악되고 있던 의회는 불만을 가진 귀족들이 입법을 방해할 수 있는 원칙에 의해 운영되었다. 따라서 사실상 귀족들은 자신들의 특권을 유지할 수 있는 정치적인 협정을 계속하였다.

17~18세기

이후 폴란드는 거스를 수 없는 쇠락의 길을 걷게 된다. 17세기를 통해 이 지역의 경쟁자인 스웨덴과 러시아가 폴란드 국경을 자주 침범하면서 폴란드의 마지막 영광은 얀 3세 소비에스키가 1683년에 오스만 제국의 치하에 있던 비엔나를 이기고 터키인들을 유럽에서 몰아낸 것이었다. 그러나 오스트리아 인들은 연합하여 폴란드에 대항하였다.

18세기 후반 러시아나 프러시아, 오스트리아의 계몽 군주들은 폴란드 땅덩이를 차지하기 위해 서로 공모하였다. 3번에 걸친 분할 끝에 폴란드는 완전히 유럽 지도에서 사라지게 되었다.

19세기

지도에서 사라진 폴란드는 민족주의의 부활을 맞게 된다. 예술에 있어서 낭만주의 경향은 민속 전통을 보호하고 잃어버린 독립을 슬퍼하는 것이었다. 혁명 운동가들은 독립운동을 계획하거나 순교의 죽음을 맞았다. 이런 움직임에 대해 러시아와 독일은 자국 세력 내에 있는 폴란드에서 강제적인 동화 정책을 시행했다.

20세기

동유럽 제국이 해제되고 1919년 베르사유 조약을 통해 폴란드는 다시 주권 국가로 인정받게 되었다. 1926년에는 군사적 영웅이던 마샬 요세프 필수드스키(Jarshal Jozef Pilsudski)가 막 성장하고 있던 폴란드의 의회 민주주의를 거부하고 권위주의 체제를 성립하였다.

2차 세계대전

1939년 9월 1일 나치가 폴란드의 그단스크를 기습 공격하면서 2차 세계대전이 발발하였다. 폴란드 군대의 저항은 독일 전차에 상대가 되지 못했다. 나치 점령군에 협조하는 것을 거부하면서 폴란드 인들은 지하에서 저항 운동을 계속하였고 비극적인 폭동에까지 이어졌다. 2차 세계대전은 폴란드 사회를 근본적으로 바꾸어 놓았다. 전쟁 전 인구의 20%에 달하는 6백만 명의 폴란드 인들이 전쟁 중 목숨을 잃었다.

나치 독일은 폴란드를 인종말살 정책의 주요기지로 삼았는데 슬라브족에 속하는 폴란드 인은 노예와 같은 노동자로 전락하였고 유대인들은 수용소에서 잔인하게 학살되었다. 전쟁이 끝나면서 폴란드 국경은 다시 한 번 새로 그려졌다. 소련은 독일 대신 폴란드 동부 지역을 차지하면서 서쪽 국경을 넓혔다. 이 국경 변화는 백만 명이 넘는 폴란드인, 독일인, 우크라이나 이들을 강제 이주하도록 만들었다. 그 결과 폴란드는 인종적 단일 국가가 되었다.

1946~1989년

스탈린에 의해 폴란드는 공산국가가 되었고 계속되는 반공사주의 운동은 강제적인 대응과 양보의 움직임이 번갈아 가며 이루어졌고, 자유노조 주도하에 이루어진 1980~81년 총파업으로 절정을 이루었다. 당시의 정권은 군법 체제를 선포하여 간신히 살아남았다.

1989년 정부와 자유노조, 가톨릭교회는 협상 테이블에 앉아 정치적인 타개책을 협의했다. 토론 결과 의회 선거를 통해 일정 의석은 공개적 경선을 총해 당선되도록 합의하였다. 경선을 통해 마련된 의석에서 공산당은 한 자리도 차지하지 못하여 지배 체제에 대한 불만을 고스란히 보여주었다.

1990년~현재

1989년 6월 선거에서 동유럽에서 공산주의 붕괴를 유도하는 사태를 촉발시켰다. 정권의 이양 후 폴란드는 근본적인 변화를 겪으면서 사회적인 시련과 정치적 위기를 맞았다. 20세기가 말에 폴란드는 민주주의 국가로서 성공적으로 자리 잡아 갔고 시장 경제의 토대를 마련하며 지속적으로 성장하고 있다.

한눈에 보는 폴란드 역사

966년	폴란드 왕국 성립	1939년	독일과 소련의 침공
1573년	귀족 공화정	1947년	폴란드 공산당 정부 수립
1772~1995년	강대국의 영토 분할	1990년	바웬사 대통령 당선
1918년	독립 국가로 재등장	2004년	유럽연합 가입

인물

폴란드는 오랜 세월 문화 강대국이었다. 중앙 시장 광장에 서 있는 민족시인 미츠키에비치 외에도 2번이나 노벨 문학상을 안긴 쿼바디스의 작가 시에케비치, 심보르스카도 폴란드어로 글을 쓴 여류작가 까지 많다.

코페르니쿠스

코페르니쿠스는 1473년 2월19일 폴란드에서 태어났다. 코페르니쿠스는 글쓰기와 노래, 그림, 수학 등 다양한 교육을 받았다. 코페르니쿠스가 어릴 때 아버지가 세상을 떠났기 때문에 외삼촌이 코페르니쿠스의 장래를 책임지게 되었다.

코페르니쿠스는 외삼촌의 도움으로 유럽의 여러 대학에서 다양한 학문을 접하고 공부했다. 코페르니쿠스가 접한 학문에는 프톨레마이오스가 완성한 천동설도 있었다. 폴란드로 돌아온 코페르니쿠스는 천문학을 공부하며 우주의 구조와 지구의 운동에 대해 연구하면서 천동설에 의문을 품었다. 신은 결코 우주를 복잡하게 만들지 않았을 거라는 것이 코페르니쿠스의 생각이었다. 그리고 지구도 우주에 존재하는 수많은 천체와 다름없다는 사실을 깨닫게 되었다.

코페르니쿠스는 자신의 이러한 생각을 〈코멘타리올루스〉라는 얇은 책에 적어 놓았다. 이 책에서 코페르니쿠스는 지구는 자전하며 태양 주위를 돈다고 주장했다. 코페르니쿠스는 친구에게 이 책을 보여주며 우주에 대한 자신의 생각을 조금씩 알렸다. 그러면서 관측소를 만들어 하늘을 관찰하고 각도를 재고 거리를 측정했다. 행성의 움직임을 표시하고 대학에서 배운 우주 모형이 실제와 맞는지 그렇지 않은지를 확인했다. 그 과정에서 코페르니쿠스는 천동설을 대신할 새로운 우주론이 필요하다고 확신했다.

1525년 코페르니쿠스는 〈천체의 회전에 관하여〉를 쓰기 시작했다. 그는 여기에서 우주는 지구처럼 둥글고, 태양과 달, 행성, 별도 지구와 같은 모양이며, 태양이 우주의 중심이라고 했다. 마침내 〈천체의 회전에 관하여〉가 완성되었으나 코페르니쿠스는 이 책을 출판하지 않았다. 교회가 어떤 반응을 보일지 두려웠기 때문이었다.
그때 한 젊은 학자가 찾아왔다. 그는 독일 비텐베르크 대학의 천문학 교수인 레티쿠스였다. 그는 코페르니쿠스에게 출판을 하라고 했다. 코페르니쿠스는 레티쿠스의 집요한 설득에 결국 허락을 했다.
코페르니쿠스는 출판된 책에 다음과 같이 적었다. "이 책의 내용은 사실을 말한 것이 아니라, 수학적인 계산을 해 본 것에 불과할 뿐이다." 그리고 다음의 말도 덧붙였다. "이 책을 교황 바오로 3세에게 바칩니다." 책을 출판하고 나서 돌아올지 모를 화를 사전에 막아보려 했던 것이다. 1543년 〈천체의 회전에 관하여〉 500부가 출판되어 세상에 나왔다. 이제 다시 '태양'이 우주의 중심이 되었다.

▶ 코페르니쿠스가 다닌 대학

코페르니쿠스가 처음으로 들어간 대학은 폴란드의 크라코프 대학이었다. 15세기 후반 폴란드의 크라코프 대학은 교육의 중심지였다. 크라코프 대학은 과학과 철학, 수학에서 유명했고, 천문학을 배우려는 학생도 많이 입학했다. 코페르니쿠스는 크라코프 대학을 다니다가 그만두었다. 15세기 후반의 유럽에서 다른 대학으로 옮겨 졸업을 하는 것이 일반적이었다. 코페르니쿠스의 외삼촌은 조카들이 이탈리아의 볼로냐 대학에서 졸업하기를 바랐다.

그 당시 볼로냐 대학은 세계 최고의 법과 대학이었다. 그래서 유럽 각지에서 많은 학생과 교수가 몰렸다. 코페르니쿠스는 알프스 산맥을 넘어 이탈리아로 건너가서 1497년 1월 볼로냐 대학에 등록했다. 코페르니쿠스는 이곳에서 교회법과 수학, 천문학을 공부했다. 그리고 이탈리아의 파도바 대학을 거쳐 볼로냐 북쪽의 페라라 대학에서 다시 교회법을 공부하고 1503년 5월 31일 졸업했다.

마리 퀴리

우라늄이 방출한 빛은 X선과 다른 특성을 가진다. 이것은 방사선이었다. X선은 전자기 현상에서 나온다. 그러나 방사선은 원인이 없어 보였다. 또 방사선을 내놓는 물질은 우라늄뿐만이 아니었다. 당시의 과학은 이 문제를 설명하지 못했다. 이것을 밝힌 과학자가 마리 퀴리였다.

퀴리는 폴란드의 바르샤바에서 태어났지만 조국을 떠나 프랑스로 건너가서 공부를 계속했다. 그녀는 힘겨운 하루하루를 보내며 학업에 열중했고, 1893년 소르본 대학의 물리학과를 수석으로 졸업했다. 그녀는 프랑스 물리학자 피에르를 만나 결혼을 했고 그들 부부는 밤을 지새우며 연구를 했다.

퀴리 부부는 우라늄을 포함한 여러 광물을 조사하고 분석했다. 그 결과 폴로늄과 라듐이라는 방사선 물질을 발견했다. 폴로늄과 라듐은 광물에서 나오는 방사성 물질로 '자연 방사성 물질'이라고 한다. 그 반면에 원자로와 같은 실험 장치에서 만들어지는 방사성 물질이 있는데, 이것은 '인공 방사성 물질'이라고 한다. 원자폭탄을 만드는 플루토늄이 대표적인 인공 방사성 물질이다.

쇼팽 Frédéric François Chopin

프레데리크 프랑수아 쇼팽 Frédéric François Chopin은 1810년 3월 1일~1849년 10월 17일에 태어난 폴란드의 피아니스트·작곡가이다. "피아노의 시인"이란 별칭을 가진 쇼팽은 가장 위대한 폴란드의 작곡가이자 가장 위대한 피아노곡 작곡가 중의 한 사람으로 여겨진다.

이름을 폴란드어식으로 적으면 프리데리크 프란치셰크 호핀 Fryderyk Franciszek Chopin이지만, 프랑스에 살게 되면서 프랑스식으로 바꿨다. 폴란드 현지에서도 프랑스어 발음을 따라 쇼펜 Szopen이라 적기도 한다. 러시아에서도 1810년 3월 1일 생으로 알려졌으나, 젤라조바 볼라 마을의 성당 기록에는 2월 22일에 유아세례를 받은 걸로 나와 있기 때문에 아마 실제 생일은 2월 중인 것으로 보인다. 아버지는 프랑스인으로 폴란드에 와서 귀족의 가정교사를 하고 있었고, 어머니는 원래 귀족이었지만 집안이 몰락하여 다른 귀족의 집안에서 일하던 중 가정교사와 만나 결혼하게 된 사이였다.

쇼팽은 위로 누나 한 명, 여동생 두 명이 있었고 아버지를 제외하면 집안에 남자는 쇼팽 한 사람뿐이었다. 이런 환경은 쇼팽에게 지대한 영향을 끼쳤는지 남성임에도 어딘지 모르게 섬세하고 연약해 보이는 쇼팽의 기질과 스타일이 여기에서 유래했다고 볼 수 있다.

어릴 때부터 피아노에 재능을 보였으며 7살 때는 두개의 폴로네이즈를 작곡할 정도였다. 어린 쇼팽의 재능은 바르샤바의 귀족들에게까지 알려져 그들 앞에서 공연을 하기도 했다. 하도 잘 쳤는지 그 당시 폴란드 언론은 "천재는 독일이나 오스트리아에서만 태어나는 것으로 알았지만 우리나라에도 드디어 천재가 태어났다."라고 했을 정도였다.

폴란드인들의 쇼팽에 대한 사랑은?

의미가 각별하다. 스무 살에 바르샤바를 떠난 쇼팽은 죽을 때까지 폴란드에 돌아가지 못했다. 사실 생전의 쇼팽에게 폴란드라는 나라는 존재하지 않던 시기였다. 폴란드는 러시아와 프로이센의 침략을 받았고 1795년에 오스트리아에 합병됐다. 쇼팽이 죽고 69년이 지난 1918년에야 폴란드는 비로소 독립국이 됐다. 그러나 당시는 민족주의가 유럽을 휩쓸던 시기로 폴란드를 향한 쇼팽의 그리움과 애국심은 각별했다. 그는 죽거든 심장만 꺼내 폴란드에 묻어달라고 누이에게 부탁했다고 할 정도였으니 애국심은 각별했다.

쇼팽의 대표작 야상곡은 2차 세계 대전으로 폐허가 된 바르샤바를 배경으로 한 로만 폴란스키 감독의 '피아니스트'에서 연주되면서 관객의 심금을 울렸다. 이런 역사적 배경에서 쇼팽의 심장은 폴란드의 상징처럼 '성물'로 여겨진다고 이야기할 정도이다.

헨리크 시엔키에비치

폴란드 출신의 세계적인 작가들로 대표적인 사람은 1905년 노벨 문학상 수상자인 헨리크 시엔키에비치Henryk Sienkiewicz(1846~1916)가 있으며 영화로도 유명한 〈쿠오 바디스〉, 폴란드 역사를 다룬 〈크미치스〉 등이 대표작이다.

조지프 콘래드

국외에서 활동한 폴란드인 작가로는 〈어둠의 심연과 진보의 전초기지〉의 작가인 조지프 콘래드가 있다. 사실 그는 영국 국적을 가지고 영어로 소설을 발표했지만, 폴란드인의 정체성을 강하게 유지하며 평생 고향 폴란드의 가족, 지인들과 교류를 하고 폴란드의 정세에 대해 많은 발언을 하며 살았다.

음식

중세의 폴란드는 숲으로 뒤덮여 있었던 지역이다. 숲에서 많이 나는 버섯, 나무열매, 벌꿀과 사냥한 고기를 많이 사용하는 음식을 먹으면서 살았다. 꿀에 절여놓은 오리고기를 뱃속에다 사과를 채운 다음 구워내서 나무딸기 열매를 졸인 소스를 곁들이는 음식이 있다.
폴란드는 몽골, 동로마 제국 등 동방 지역과 교역이 활발했기 때문에 향신료 가격이 매우 쌌으며 굉장히 보편적으로 향신료를 썼던 것으로 추측된다. 하지만 전통적인 슬라브 스타일의 요리법은 16~17세기 프랑스 요리, 이탈리아 요리가 수입되면서 점차 바뀌어나갔고, 특히 터키 요리가 폴란드에 소개되고 터키에서 재배하던 부추, 양배추, 토마토 같은 채소가 도입됨에 따라 폴란드인들도 다양한 야채를 곁들여먹게 되었다. 러시아와는 달리 폴란드인들은 요거트는 간식으로 먹지, 요리로는 잘 사용하지 않는다.

특징
폴란드 요리는 버섯과 양배추를 많이 쓰는 것이 특징이며 전통적으로 이웃나라인 독일과 러시아의 영향을 많이 받았지만 폴란드의 음식은 독일 요리에 비하면 향신료를 적게 써서 담백하고, 러시아 요리에 비하면 야채를 훨씬 많이 사용한다. 공통적으로 폴란드 요리는 재료의 맛을 잘 살려내는 쪽으로 발달해왔는데 특히 향신료는 적게 쓰기로 유명하다.

하루 식사
폴란드 인들은 아침식사로 하루를 시작한다. 하루 중 가장 중요하고 많이 먹는 식사는 점심으로 14~17시 사이에 먹는데, 보통 푸짐한 수프와 메인 코스로 이루어져 있다. 저녁은 아침과 비슷하게 먹는다.

코스 요리
에피타이저, 주요리, 후식 3가지로 나뉘지만, 부활절이나 크리스마스에는 5~6시간은 족히 걸리는 만찬을 먹는다. 휴일에 음식을 준비할 때는 집안 여자들이 모두 모여서 몇날 며칠을 함께 음식 만드느라 보내는데, 남자들은 거실에서 담배 피우면서 보드카 마시고 수다를 떨면서 논다.

폴란드 요리에 대한 고찰
폴란드 요리는 러시아 요리와 독일 요리의 영향을 받아서 두 요리의 특징을 모두 가지고 있다. 중세 시대 폴란드는 동방 무역의 중심지였기 때문에 향신료 보급이 일찍부터 성행했고, 전반적으로 음식 맛이 매웠다고 전해진다. 오늘날 폴란드 요리는 독일에 비해 심심하고, 러시아에 비해서는 짭짤하고 매콤한 편이다. 같은 슬라브족이기 때문에 러시아인들이 좋아하는 음식과 겹치는 음식이 많다.

폴란드 음식에는 아시아적 색채가 나는 것도 많이 있다. 일단 폴란드라는 나라 자체가 국제적 요충지였고, 주변국들이 모두 강대국이었던 까닭에 주변 나라들로부터 흡수한 문화들도 꽤 많다. 당연히 음식문화도 주변국가와 교류하면서 발달했다. 또한, 헝가리의 황금빛 포도주도 즐겨 마신다.

피에로기(Pierogi)

폴란드식 만두 작고 소박한 모양의 속에 감자 버섯, 치즈, 시금치, 블루베리 심지어 양귀비 씨까지 넣어서 만든다. 다양한 맛에도 한국의 김치만두가 그리워진다. 우리의 만두와 닮은 폴란드 만두 피에로기Pierogi는 반죽 빚는 법도 한국과 같지만, 반죽 터지지 말라고 봉할 때 포크를 사용한다는 점과, 속에 치즈와 감자를 넣은 만두도 있다는 것이 다르다.

대표적인 폴란드 요리메뉴로 피에로기와 플라츠키가 있다. 피에로기는 일종의 만두인데, 동양의 만두피가 밀가루로 이루어진데 반해 피에로기는 감자가루로 만들어져 있다. 덕분에 피(皮)가 두껍고 고소한 맛이 강하며 피는 거들뿐인 만두와 달리 겉과 속의 조화가 이루어진다. 대신 만두처럼 속이 화려하지 않고 채소와 다진 고기가 들어가는 경우가 많다.

피에로기와 구별하자. 플라츠키
일종의 감자전인데 한국의 감자전과 그냥 똑같다. 따라서 여행 중 현지 음식이 입에 안 맞아서 괴로워하는 한국인도 잘 먹는다.

비고스(Bigos)

돼지고기와 쇠고기를 섞어 절인 양배추 피클을 곁들여서 익힌 것으로 일종의 잡탕이다. 보통 양배추(혹은 자우어크라우트)와 소시지, 버섯, 꿀, 말린 자두를 사용해서 만드는데, 집집마다 지방마다 맛이 다르다.
크라쿠프에서 파는 비고스는 한국의 부대찌개와 별 다를게 없을 정도이다. 작은 그릇에 내용물을 담고 빵 조각을 따로 주기도 한다.

사냥꾼들이 개발한 음식
폴란드가 숲이 많은 지역이었기 때문에 사냥꾼들이 개발한 음식들이 상당히 많다. 대표적인 음식이 바로 비고스(Bigos)이다. 폴란드의 숲에서 사냥하던 사냥꾼들이 사슴고기나 돼지고기를 각종 양념과 채소와 함께 끓여서 만든다. 깊은 맛을 내려면 적어도 24시간이상은 끓여야 한다. 사냥꾼들은 잡은 고기들을 끓여서 먹은 뒤 저장해 두었다가 먹고 싶을 때 다시 끓여서 먹었다.

골롱카(Golonka)

터키의 쉬쉬케밥처럼 생긴 샤슈윅Szaszlyk, 돼지족발과 꿀, 말린 과일로 요리한 폴란드 족발이다. 아마 폴란드 음식 중에서 가장 맛있고 인기 있는 것을 꼽으라면 단연 골롱카Goląka라고 누구나 이야기할 것이다. 실제로 폴란드를 여행한 많은 한국인들에게 가장 맛있었던 메뉴를 물어보면 대부분 골롱카라고 대답한다. 골롱카는 돼지족발 비슷한 모양새인데, 골롱카 한 점 뜯고 폴란드 맥주를 들이키면 여행의 피로가 풀린 것이다.

샤슈윅(Szasz łyk)

샤슈윅(러시아어로는 샤슬릭)은 한국의 꼬치 음식과 비슷한, 꽤 사랑받는 폴란드 음식이지만 골롱카에 비하지는 못한다. 꼬챙이에 각종 채소와 고기들을 꿰어서 만든다. 폴란드인들은 샤슈윅을 양고기 꼬치와 함께 도수가 높은 맥주를 즐겨 마신다. 러시아의 샤슬릭과 다른 점은 폴란드의 전통 요리는 꿀을 많이 사용한다는 점과, 향신료라고는 소금과 후추 정도 밖에 쓰지 않는다는 점에서 두 요리와 구분된다.

코틀렛 스하보브이(Kotlet schabowy)

독일의 슈니첼이나 한국식 돈가스와 유사한 폴란드 요리로 유사한 정도가 아니고 돈가스와 거의 똑같다고 할 정도이다. 소스가 나오지 않는 점이 다른데 느끼하기 때문에 김치가 그리워진다.

주렉

배를 갈아 만든 주스와 소시지, 베이컨을 넣어 만든 스프이다.

오즈즈펙

폴란드의 건조치즈로, 사람들은 이를 그냥 먹거나 아니면 불에 구워서 녹여 먹기도 한다. 좀 특이한 청국장 냄새가 나는데 구랄레Górale(폴란드어로 '산악 사람들')의 특산품으로 알려져 있다. 폴란드-슬로바키아 국경에서 많이 판매하는데 슬로바키아에서 폴란드로 가거나 반대로 폴란드에서 슬로바키아로 가는 사람들은 한 번 먹어보길 권한다.

키에우바사(kiełbasa)

독일의 영향을 받아서 만들어진 음식 중 하나로 폴란드식 소시지를 말하는 통칭이다. 폴란드 인들은 양파나 감자와 함께 볶아서 먹는다. 이 소시지는 20세기에 시카고에서 폴란드식 핫도그의 중요한 재료가 된다. 폴란드식 핫도그는 소시지를 캐러멜에 졸인 양파와 함께 빵에 끼운 것으로 머스터드나 향신료를 같이 끼워 주는 데, 좀 맵다.

About 폴란드 라이프

격식을 따지는 폴란드인
폴란드인이 서로 인사하는 방식은 악수하기이다. 남성과 여성이 만날 때 종종 악수하기는 하지만, 남성들은 여성들이 손을 먼저 내밀 때까지 기다린다. 일반적으로 폴란드인은 서구인들보다 보수적이고 격식을 차리는 편이다.

> **전통의상**
>
> 일요일과 특별한 행사가 있을 경우 전통의상을 입는다. 전형적인 전통의상은 헐렁한 바지, 요우파네(joupane) 속옷, 남성들의 경우 모피모자, 여성들의 경우 금테두리의 모자로 구성된다. 그 복장은 다양한 색깔의 끈과 구슬로 아름답게 장식된다.

꽃을 사랑하는 폴란드인
폴란드인은 손님 접대에 신경을 쓰며 친절하다. 저녁정찬에 초대받아 갈 때, 보통 그 가정의 안주인에게 줄 꽃을 갖고 간다.

열정적인 몸짓
폴란드인은 열정적인 몸짓을 사용하며 대화를 나눈다. 시골여성들은 교차로를 지날 때 신의의 표시로 흔히 성호를 긋는다. 폴란드인은 엄지손가락을 한쪽 손바닥 안에 집어넣고 다른 네 개의 손가락으로 감싸는 몸짓으로 행운을 나타낸다.

공손한 말
폴란드인이 흔히 사용하는 공손한 말은 '실례합니다'라는 뜻의 프레제프라샴 prezepraszam과 '고맙습니다'라는 뜻의 드지에쿠예 dziekuje이 있다. '당신(남성·여성)은 매우 친절하세요!'라는 뜻의 예스트 판/파니 바르드조 우프르제미 Jest pan/pani bardzo uprzejmy가 있다.

폴란드인들의 생활

가족단위로 폴란드인은 TV를 즐겨 보거나 대중음악을 듣는다. 도시에서는 극장, 영화관, 오페라 극장, 재즈와 클래식 연주회에 가기도 한다. 수도인 바르샤바 시민들은 밤에 하는 오페라, 발레, 실내음악 연주회, 독주회에 가서 기분전환을 한다. 실외활동에는 도보여행, 모터사이클 경주, 승마, 사냥이 있다.

음악

세계적으로 유명한 쇼팽Frederic Chopin, 파테레프스키Ignacy Jan Paderewski, 루빈슈타인Artur Rubinstein 같은 위인들이 대표적이다. 폴란드에는 10개의 교향악단, 17개의 예술학교conservatory, 100개가 넘는 음악학교, 1,000개의 음악센터가 있다.

교통수단

대부분의 도시들은 효율적인 버스와 전차 체계를 갖추고 있으며, 주요 도시들과 비행기, 철도, 버스로 연결된다. 자동차 소유가 지속적으로 증가하고 있어 차에 대한 관심이 높다. 가장 인기 있는 차는 '폴란드 포르쉐Polish Porsche'로 널리 알려진 값싼 650cc의 피아트Fiat이다. 주차공간이 부족해서 인도에 주차하는 경우도 많다.

주거

폴란드도 대한민국처럼 심각한 주택부족에 직면해 있다. 젊은 부부들이 양가부모 중 한쪽과 같이 사는 경우도 많다. 주택은 부족할 뿐만 아니라 매우 비싸기도 하다.

종교

폴란드인 대다수가 가톨릭교도이다. 폴란드 인구에서 로마가톨릭교도가 차지하는 비율은 95%이다. 폴란드인은 신앙심이 깊은 민족으로 75%의 인구가 가톨릭 교리를 준수하고 있다. 로마가톨릭은 폴란드인 삶의 많은 측면에 중요한 영향력을 발휘하고 있다. 966년 가톨릭교회가 도입된 후로 폴란드를 지탱시켜주는 지주역할을 하였다.

> 폴란드인 교황 요한 바오로(John Paul) 2세로 선출된 해인 1978년까지 폴란드 교회는 로마와 다소 관계가 소원했다. 폴란드에는 28,000명의 수녀를 거느린 2,500개의 수녀원과 500개 이상의 수도원이 있다.

폴란드의 인기 스포츠

폴란드는 스포츠를 활성화하기 위해 노력하였고, 오랫동안 폴란드 학교에서는 스포츠 활동을 크게 강조하였다.

스키
폴란드인이 가장 좋아하는 스포츠는 스키이다. '땅 속에 묻힌 곳'이라는 의미의 자코파네Zakopane는 아름다운 스키 휴양지이다. "삶이 견딜 수 없게 될 때, 항상 자코파네가 있다"라는 폴란드 속담이 있을 정도로 자코파네는 폴란드인이 일상생활에서 벗어날 수 있는 스키 휴양지이다.

수영 · 체조 · 하키 · 배구 · 축구도 폴란드인에게 인기 있는 스포츠이다. 어린이들은 공원에서 농구와 유사한 '공놀이Streetball'를 한다. 축구는 가장 인기를 모으는 스포츠로 손꼽힌다. 토요일 아침에는 거리 일부분이 축구경기를 위해 폐쇄되기도 한다. 모든 학교에서 하는 축구는 관중이 가장 많이 몰리는 운동종목이다.

농구
농구도 인기 있는 스포츠이다. 하지만 국제대회 역대성적이나 국제대회 성적도 그다지 좋은 편은 못된다.

아이스하키
아이스하키도 상당히 인기 있는 스포츠이다. 하지만 국경을 접한 나라들 중 체코, 슬로바키아, 벨라루스, 독일, 러시아가 세계적인 수준의 아이스하키 강국인데 반해 폴란드 아이스하키는 강하지는 않다.

폴란드 고속도로

폴란드 도로 상황

바르샤바와 크라쿠프는 309km로 자동차 4~5시간 정도면 이동이 가능하며, 이외에 비행기 버스, 기차도 가능하다. 바르샤바와 그단스크는 자동차로 이동시, 394km 3~4시간 정도 소요되며 매일 20회의 버스 운행을 하고 있다. 폴란드를 여행하면 렌트카로 여행하는 것이 편리하다는 것을 알게 된다.

렌트카로 여행을 하다보면 각국의 도로 사정을 파악하는 것이 중요하다는 사실을 알게 된다. 먼저 폴란드를 여행하면서 고속도로는 이용하지 않는다.

1, 험하게 운전한다
폴란드의 고속도로는 120km/h가 최대속도이지만 대부분의 차들은 140~150을 넘나들며 운전하고 느리게 가는 차들에게는 깜박이를 켜면서 차선을 내어주라고 한다. 그리고 반드시 1차선으로 운전하고 추월할 때만 2차선으로 이동하여 추월하고 다시 1차선으로 돌아오는 도로의 운전방법을 철저히 지키므로 추월할 때도 조심해야 한다.

2. 국도를 이용한다
폴란드의 대부분의 도로는 국도이다. 어느 도시를 가든 국도를 이용하여 가게 된다. 그러므로 사전에 몇 번 도로를 이용해 갈지 확인하고 이동하는 것이 좋다.

3. 고속도로
바르샤바에서 그단스크나 크라쿠프를 이동하려면 반드시 고속도로를 이용해야 자동차로 갈 수 있다. 그런데 폴란드는 고속도로 통행료가 비싸므로 사전에 비용을 확인해야 한다. 하지만 고속도로를 이용하면 빠르게 이동할 수 있으므로 국도보다 편리하다. 바르샤바에서 독일의 베를린과 서부의 브로츠와프를 지나 독일의 프랑크푸르트를 갈 때는 고속도로가 이어져 편리하게 나라와 나라사이를 이동할 수 있다.

CZECH

체코

Eastern Europe Travel with Car

동유럽의 보석

프라하는 유럽에서 가장 아름다운 도시로 꼽힌다. 프라하는 마치 시간이 정지된 느낌을 받게 한다. 도시 곳곳에 고딕, 르네상스, 바로크 양식의 건물 등 중세의 흔적을 엿볼 수 있는 역사 유적이 남아 있어 시간의 흐름을 잊게 한다.

아픈 역사의 흔적

프라하는 90년대 초반까지만 해도 어둡고 침울한 느낌의 도시였다. 하지만 현재 프라하는 유럽에서 가장 세련되고 아름다운 도시로 바뀌어 세계 각국에서 몰려드는 여행자를 맞이하고 있다.

문화와 예술의 나라

천 년의 역사와 드라마틱한 사건의 무대였던 프라하는 유네스코에 의해 세계문화유산으로 지정되었다. 도시의 문화를 즐길 수도 있으며 다양한 인물을 만날 수 있는 도시이다. 드보르작과 카프카를 배출했고 모차르트 최고의 오페라로 꼽히는 '돈 지오바니'가 상설로 공연된다.

Eastern Europe Travel with Car

무뚝뚝하지만 따뜻한 사람들

체코인들은 겉으로는 무뚝뚝하고 무관심해 보이지만 알고 보면 사소한 것에 감사하는 따뜻한 사람들이다. 1인당 맥주소비량이 1위를 차지할 만큼 맥주를 즐기지만 과음은 잘하지 않는다. 교육수준이 높고 어린 나이부터 악기를 배운다. 체코에 유명 음악가가 많은 것은 이런 이유가 있을 것이다.

체코를 꼭 가야하는 이유

로맨틱한 도시

중세 문화를 품은 이국적인 정취와 로맨틱한 풍경을 선사하는 체코는 누구나 사랑하는 동유럽 여행지이다. 전 세계 여행자들의 감성을 사로잡은 프라하는 가을이 다가올수록 하늘은 조금씩 높아질수록 프라하에 대한 사랑은 더욱 깊어지고 만다.
중세 유럽 특유의 낭만과 분위기를 제대로 만끽하고 싶다면 블타바 강 옆 레트나공원에서 멋진 야경을 감상할 수 있다. 매일 저녁 구시가지 광장과 카를교에서 버스킹이 열려 아름다운 선율을 감상할 수도 있다.

과거로의 시간여행

체코 프라하는 중부 유럽에 위치한 도시로 건축물과 문화유산 다수를 보유하고 있다. 특히 중세 건축 뿐 아니라 유럽에서 가장 아름다운 다리 카를교, 아르누보의 건축물, 프라하 성, 레트나공원 등 관광명소가 즐비하다.

고색창연한 건축물과 중세역사를 느낄 수 있는 도시는 프라하가 대표적이다. 프라하뿐만 아니라 체코의 다른 도시에는 발길 닿는 곳곳에 세계문화유산이 많다. 중세를 담은 체코의 각 도시들이 항상 많은 관광객들로 붐빈다.

저렴한 물가

동유럽하면 프라하를 가고 싶어하는 여행자는 많다. 프라하의 건축물과 풍경이 여행자의 마음을 훔치면서 프라하뿐만 아니라 체스키크룸로프, 플젠까지 찾아가더니 지금은 체코의 모라비아 지방도 여행코스로 포함해 여행하는 관광객이 늘어나고 있다. 특히 체코는 저렴한 물가로 여행자의 부담을 줄여준다.

Eastern Europe Travel with Car

세계 최고의 맥주와 와인

체코 여행에서 가장 기대하는 것은 맥주이다. 체코는 맥주 애호가뿐만 아니라 맥주를 싫어하는 여행자도 한번은 맥주를 즐기는 곳이기도 하다. 체코에서 필스너 우르켈Pilsner urquell, 부드바르Budvar, 스타로프라멘Staropramen을 체코 3대 필스너Pilsner 맥주로 꼽는다.

모라비아 남부 지방은 질 좋은 와인을 생산하고 있는데, 와인 레스토랑에서 맛볼 수 있다. 체코 최고의 와인산지로 알려진 발티체 성 와인살롱 투어 등 다양하다. 체코의 특산주로 쓰면서도 달콤한 맛이 절묘한 '베체로브카Becherovka', 허브 추출액이 포함된 보드카인 '주브로브카zubrovka', 자두 브랜디인 '슬리보비체Slivovice' 등이 있다.

잘 보존된 중세 도시

체코의 수도인 프라하는 체코가 얼마나 관광지가 많고 보존이 잘되어 있는지를 판단할 수 있는 대표적인 도시이다. 프라하, 체스키크룸로프, 카를로비 바리, 플젠, 쿠트나호라뿐만 아니라 모라비아의 올로모우츠, 레드니체, 텔치 등의 도시가 중세 도시 형태를 그대로 지금까지 이어오고 있다.

Eastern Europe Travel with Car

슬픈 역사의 자취

제2차 세계대전 후에 소련의 지배로 체코는 오랜 기간을 공산주의 국가로 힘들게 살았다. 그 동안 자유를 위해 저항하는 독립운동을 지속했다. 이것을 '프라하의 봄'이라고 한다. 인류 역사에서 다시는 일어나지 말아야 할 비극의 현장이 프라하의 바츨라프 광장에 보존되어 있다.

프라하의 봄

1968년 소련이 체코슬로바키아를 침공하는 동안, 프라하에서 체코슬로바키아 청년이 불타는 탱크 옆으로 국기를 흔들고 있다. 자유를 향한 프라하의 행진은 계속됐다. 사람들이 아직도 기억하는 '프라하의 봄(Prague Spring)'은 1968년 8월이었다. 소련군을 선두로 바르샤바조약기구의 탱크들이 프라하를 침략했다. 소련군은 결국 체코에서 벌어진 공산주의 체제에 대한 혁신을 무력화했다.

체코 & 프라하 여행 잘하는 방법

1. 공항에서 숙소까지 가는 이동경비의 흥정이 중요하다.

어느 도시가 되도 도착하면 해당 도시의 지도를 얻기 위해 관광안내소를 찾는 것이 좋다. 체코의 프라하로 입국을 한다면 중요한 것이 비행시간이다. 대한항공은 직항이지만 경유를 하여 체코에 도착한다면 14~16시간의 비행시간이 소요된다.

공항에서 프라하 시내까지 버스나 지하철로 이동을 하지만 일행이 3명 이상이라면 나누어서 택시비를 계산하면 되므로 택시를 타고 이동하는 것도 좋다. 차량공유 서비스인 우버^{Uber}을 사용하여 이동하는 것도 좋은 방법이다.

2. 심카드나 무제한 데이터를 활용하자.

공항에서 시내로 이동을 할 때 데이터를 이용해 정확한 이동경로를 알 수 있다면 택시의 바가지를 미연에 방지할 수 있다. 또한 숙소를 찾아가는 경우에도 구글 맵이 있으면 쉽게 숙소도 찾을 수 있다.

스마트폰의 필요한 정보를 활용하려면 데이터가 필요하다. 심카드를 사용하는 것은 매우 쉽다.

매장에 가서 스마트폰을 보여주고 데이터의 크기만 선택하면 매장의 직원이 알아서 다 갈아 끼우고 문자도 확인하여 이상이 없으면 돈을 받는다.

3. 유로를 코루나K 로 환전해야 한다.

공항에서 시내로 이동하려고 할 때 지하철과 버스를 가장 많이 이용한다. 이때 '코루나(Kč)'가 필요하다. 사전에 유로를 코루나(Kč)로 준비하지 못했다면 여행 중에 사용할 전체 금액을 환전하기 싫다고 해도 일부는 환전해야 한다. 시내 환전소에서 환전하는 것이 더 저렴하다는 이야기도 있지만 금액이 크지 않을 때에는 큰 금액의 차이가 없다.

4. 공항에서 숙소까지 간단한 정보를 갖고 출발하자.

공항에서 시내까지 이동을 하려면 지하철이나 버스를 많이 이용한다. 시내에서는 버스와 트램이 중요한 시내교통수단이다. 시내 교통수단을 이용하는 교통비는 저렴하기 때문에 노선을 잘 알고 이동하는 것에 익숙해져야 한다. 같이 여행하는 인원이 3명만 되도 공항에서 택시를 활용하면 여행하기가 불편하지 않다.

한눈에 보는 체코 역사

1세기~5세기 | 체코의 시작
체코의 시작은 켈트인이 거주했던 시절로 거슬러 올라간다. 그 뒤 로마에 정복되어 로마문화가 빠르게 전파되었다. 5세기에는 슬라브족이 득세했고, 7세기에는 사모국이, 8세기말에는 모라비아 왕국이 들어섰다.

9세기
체코와 슬로바키아 민족이 통일국가를 수립했지만 그 후 슬로바키아는 헝가리에 천년 동안 점령당한다.

10세기~14세기 | 번영한 카를 4세
보헤미아 왕국으로 번영하여 보헤미아 왕이 폴란드와 헝가리 왕을 겸임하는 등 국력이 강해졌고 14세기에는 카렐 4세가 신성로마제국 황제에 오를 정도로 부강해졌다. 카렐 4세는 체코에서는 한국의 세종대왕만큼 존경을 받고 있다. 그는 프라하를 유럽의 중심으로 만들고자 하였으며 동유럽 최초의 대학으로 자신의 이름을 딴 카렐 대학교를 설립하고 체코어 사용을 장려하는 등 여러 정책을 베풀었다. 카렐 4세가 재임한 시기는 체코 문화의 전성기였다. 그 시기에 체코는 프라하를 신성로마제국의 수도에 걸맞는 도시로 만들어 정치, 문화적으로 크게 번영하였다.

15세기~19세기 | 갈등의 시기
15세기, 종교개혁과 함께 일어난 후스파와 교황파의 전쟁으로 16세기에 체코는 합스부르크 가의 지배를 받게 된다. 합스부르크 가문은 오스트리아의 왕실을 600년 동안 지배한 것으로 유명한 유럽 제일의 명문가였다.

19세기 후반 | 오스트리아 헝가리 제국의 지배
체코는 오스트리아, 헝가리 제국의 지배를 받았다. 제 1차 세계대전 후 체코슬로바키아 공화국이라는 단일국가가 세워졌으나 곧 나치 독일에 점령당하고 만다.

1945년~1969년 | 사회주의 공화국
1945년 소련에 의해 해방되면서 체코슬로바키아의 사회주의화가 진행되었고 1960년에 체코슬로바키아 사회주의 공화국이라는 이름으로 개칭이 되었다. 1956년, 스탈린 사망 이후 소련에서는 독재자로서 많은 사람을 희생시킨 스탈린 세력에 대한 반발로 그의 흔적을 지우려는 정책, 즉 스탈린 격하운동이 발생하였다. 하지만 당시 체코슬로바키아의 노보트니 정권은 스탈린주의를 고수하면서 보수적인 정책을 유지했다.
그러자 체코 국민들 사이에 자유와 민주주의에 대한 목소리가 높아지고 정치, 경제의 개혁을 요구하는 거센 바람이 불었다. 이것이 그 유명한 1968년의 '프라하의 봄'이다. 지식인층을 중심으로 민주화, 자유화 운동이 조직적으로 일어났고 개혁파가 정권을 잡게 되었다. 1968년 4월 "인간의 얼굴을 가진 사회주의"를 제청하는 강령이 체코슬로바키아 공산당 중앙위원회에서 채택되었다. 그러나 이러한 봄은 같은 해 8월 소련을 비롯한 당시 바르샤바 조약기구에 가입한 5개국 군대 약 20만 명이 체코슬로바키아를 무력으로 침공하면서 짧게 끝나고 말았다.

1970년~1990년 | 자유주의로의 복귀
처음에 체코와 슬로바키아는 별개의 나라였다. 이 둘 사이에 존재하던 오랜 불평등으로 인해 1969년 체코 사회주의 공화국과 슬로바키아 사회주의 공화국이 분리된 연방국가가 새롭게 시작되었다. 1988년 고르바초프가 주도하는 서련과 동구권 개혁의 바람이 불어오면서 같은 해 12월 공산정권이 퇴진했다. 1989년에는 최초로 비공산주의자인 바츨라프 하벨이 대통령에 선출되고 1990년에 체코슬로바키아 연방공화국으로 나라이름이 바뀌었다.

1990년~현재 | 체코와 슬로바키아의 분리
1990년, 자유 총선거의 결과 새로운 민주 정부가 들어서고, 1992년에는 자유민주주의 체제를 지향하는 새로운 헌법이 채택되었다. 1993년 1월 마침내 체코와 슬로바키아는 2개의 공화국으로 분리되어 현재에 이르고 있다.

체코와 슬로바키아

관계
한때는 한나라였던 체코와 슬로바키아는 어떤 관계일까? 체코인들은 체코슬로바키아라고 불리는 것을 좋아하지 않는다. 아직도 체코보다 체코슬로바키아라는 이름을 더 익숙하게 받아들이는 사람들은 나이가 40대 이상일 것이다.

체코는 슬로바키아보다 서쪽에 있다. 경제적으로도 더 잘사는 나라로 슬로바키아에 별 관심이 없는 경우가 많고 슬로바키아와 체코를 혼동하면 불쾌해한다.

차이
체코와 슬로바키아 인들은 서로를 인정하지 않고 있어 불화인 경우도 있다. 1989년 비폭력 자유민주화 운동인 벨벳혁명을 통해 공산당 정권이 무너진 후, 각자 추구하는 정치적 방향의 차이로 서로 합의하에 1993년에 체코 공화국과 슬로바키아 공화국으로 분리되었다. 이런 분리 과정에서 체코에는 전체 인구의 2%에 이르는 슬로바키아인이 남게 되었다.

체코가 더 지리적으로 서유럽에 가까이 인접해 있어 역사적으로도 서유럽의 영향을 슬로바키아보다 많이 받는다. 경제적으로 자동차, 중화학, 기계 산업이 활성화되었고, 슬로바키아는 농업과 군수업이 주요 산업으로 다르다.

또한 민족적 기원이 다르다. 1918년~1992년 체코슬로바키아라는 연방국가로 존재했지만 두 나라의 조상은 다르다. 5~7세기에 슬라브족이 정착하면서 보헤미아와 모라비아에는 체크족이, 슬로바키아 지방에는 슬로바크슬라브족이 정착하였다. 이들의 연합인 모라비아 왕국이 체코의 기원이 되면서 체코와 슬로바키아가 연합국이 되었다. 모라비아 제국이 쇠락하기 시작한 9세기 말에 체코인들은 프라하를 중심으로 독자적인 국가인 보헤미아 왕국을 세웠기 때문에 차이가 있다.

슬로바키아

체코의 동쪽에 있는 나라로, 수도는 브라티슬라바이다. 국토의 절반 이상이 산악 지대이기 때문에 밭농사가 발달했으며, 한때 한 나라였던 체코에 비해 경제적으로 뒤떨어진 편이다.

평화를 사랑하는 사람들
제2차 세계 대전이 끝나고 사회주의 국가가 된 후 국민들은 정권에 맞서 자유와 개방을 요구했고, 그 움직임은 1968년에 작가, 예술가, 배우 등이 중심이 되어 일으킨 '프라하의 봄'이라는 개혁 운동으로 나타났다. 프라하의 봄은 인간의 마음을 담은 사회주의를 희망하면서 정치적인 자유와 경제적인 번영 등을 주장한 혁명이었지만, 아쉽게도 실패로 끝났다.
하지만 개혁을 요구하는 목소리가 계속 남아 있었고, 1989년 11월에 시작된 본격적인 민주화 운동으로 결국 기나긴 사회주의를 끝마치게 되었다. 그런데 이 과정에서 무력을 사용하거나 전혀 피를 흘리지 않았기 때문에 이를 '벨벳 혁명'이라 불렀다. 그리고 1993년에 체코와 슬로바키아가 나뉠 때에도 서로 싸우지 않고 대화와 타협을 통해 평화롭게 진행되었기 때문에 사람들은 '부드러운 결별'이라고 말하기도 한다.
이처럼 체코 사람들은 전쟁보다는 평화를, 폭력보다는 화해를 사랑하는 사람들이다. 지난 수백 년 동안 외세의 침입을 받을 때에도 전쟁을 하기보다는 대화를 통해 이를 해결하려고 했고, 그 덕분에 체코의 문화유산과 역사적 유물이 오늘날까지 잘 보존될 수 있었다.

체코 여행 계획 짜기

체코 여행에 대한 정보가 부족한 상황에서 어떻게 여행계획을 세울까? 라는 걱정은 누구나 가지고 있다. 하지만 체코 여행도 역시 유럽의 나라를 여행하는 것과 동일하게 도시를 중심으로 여행을 한다고 생각하면 여행계획을 세우는 데에 큰 문제는 없을 것이다.

1. 먼저 지도를 보면서 입국하는 도시와 출국하는 도시를 항공권과 같이 연계하여 결정해야 한다. 동유럽여행을 하고 있다면 독일의 프랑크푸르트에서 체코의 프라하로 여행을 시작하고, 오스트리아의 비엔나에서 입국한다면 체코의 남부인 체스키크룸로프부터 여행을 시작한다. 체코 항공을 이용한 패키지 상품은 많지 않다. 대한항공이 체코의 프라하를 직항으로 왕복하고 있다.

2. 체코는 좌, 우로 늘어난 계란 모양의 국가이기 때문에 수도인 프라하부터 여행을 시작한다면 오른쪽의 모라비아 지방을 어떻게 연결하여 여행코스를 만드는 지가 관건이다.
동유럽 여행을 위해 독일이나 오스트리아를 경유하여 입국한다면 버스나 기차로 어디서부터 여행을 시작할지 결정해야 한다. 동유럽의 각 나라에서 프라하로 이동하는 기차와 버스가 매일 운행하고 있다. 시작하는 도시에 따라 여행하는 도시의 루트가 다르게 된다.

3. 입국 도시가 결정되었다면 여행기간을 결정해야 한다. 프라하는 2~4일 정도 여행하는 것이 일반적이라서 체코의 다른 도시를 얼마나 여행할지에 따라 여행기간이 길어질 수 있다.

4. 대한민국의 인천에서 출발하는 일정은 체코의 프라하에서 2~4일 정도를 배정하고 IN / OUT을 하면 여행하는 코스는 쉽게 만들어진다. 프라하 → 카를로비 바리 → 쿠트나호라 → 플젠 → 보헤미안 스위스 → 체스키크룸로프 → 텔치 → 올로모우츠 → 브르노 → 레드니체 → 프라하 추천여행코스를 활용하자.

5. 7~14일 정도의 기간이 체코를 여행하는데 가장 기본적인 여행기간이다. 그래야 중요 도시들을 보며 여행할 수 있다. 물론 2주 이상의 기간이라면 체코의 대부분의 도시까지 볼 수 있지만 개인적인 여행기간이 있기 때문에 각자의 여행시간을 고려해 결정하면 된다.

보헤미아

| 6일 | 프라하 → 쿠트나호라 → 플젠 → 보헤미안 스위스 → 체스키크룸로프 → 프라하

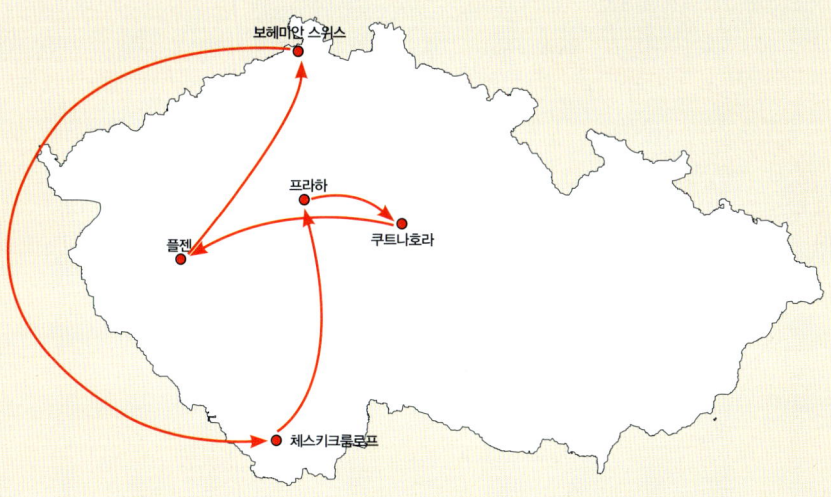

| 7일 | 프라하 → 카를로비 바리 → 쿠트나호라 → 플젠 → 보헤미안 스위스 → 체스키크룸로프 → 프라하

10일 | 프라하 → 카를로비 바리 → 쿠트나호라 → 플젠 → 보헤미안 스위스 → 체스카부데요비체 → 체스키크룸로프 → 프라하

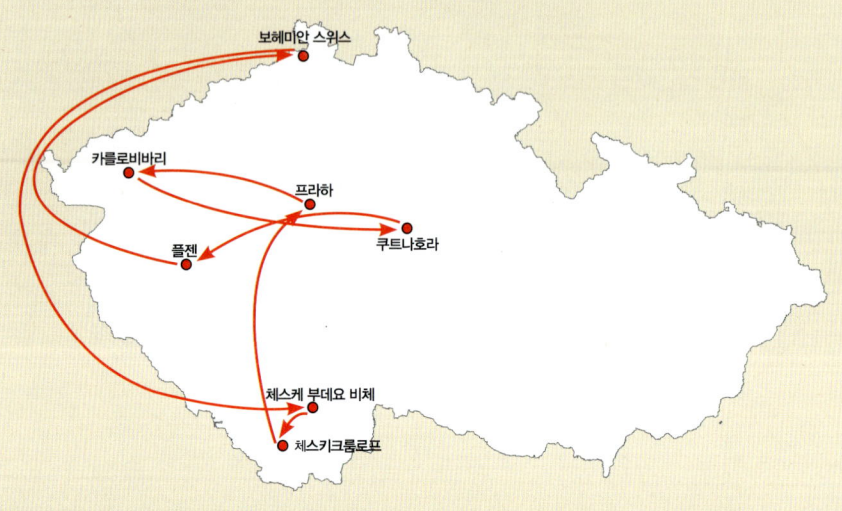

보헤미아→모라비아

8일 | 프라하 → 쿠트나호라 → 플젠 → 체스키크룸로프 → 올로모우츠 → 브르노 → 프라하

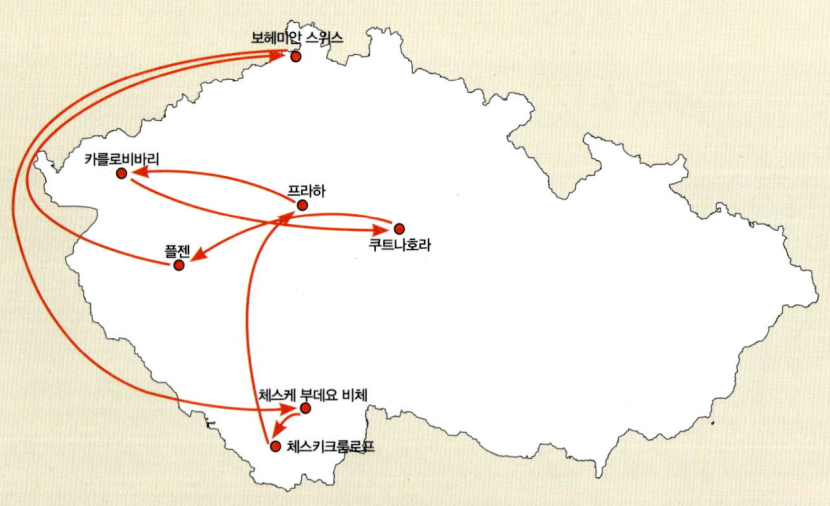

Eastern Europe Travel with Car

10일 | 프라하 → 쿠트나호라 → 플젠 → 체스카부데요비체 → 체스키크룸로프 → 올로모우츠 → 브르노 → 레드니체 → 프라하

2주 | 프라하 → 카를로비 바리 → 쿠트나호라 → 플젠 → 보헤미안 스위스 → 체스카부데요비체 → 체스키크룸로프 → 텔치 → 올로모우츠 → 브르노 → 레드니체 → 프라하

체코 맥주

체코 여행에서 가장 기대하는 것 중에 하나가 맥주를 즐기고 싶은 것이다. 누가 뭐라고 해도 체코는 맥주 애호가의 천국이다. 체코의 맥주는 세계적으로 유명한데 특히, '부드바르Budvar(오리지널 버드와이저)'와 '플젠스키 프라즈드로이Plzensky' Plazdroj(오리지널 필스너)'가 가장 유명하다.
체코에서 필스너 우르켈Pilsner urquell, 부드바르Budvar, 스타로프라멘Staropramen을 체코 3대 필스너Filsner 맥주로 꼽는다. 체코어로 맥주는 '피보Pivo', 무알코올 맥주는 '피토Pito'라고 부른다.

필스너 우르켈(Pilsner urquell)
체코 여행에서 거리를 걸어가면 한번은 보게 되는 '라거 맥주'의 시초로 알려진 유명한 체코맥주이다. 필스너 우르켈Pilsner urquell의 단어가 '최초의 맥주'라는 뜻이다. 우리가 마시는 라거 맥주를 통틀어서 필스너 방식을 이용해서 만든 '필스너 맥주'라고 부른다. 우르켈 양조장은 체코의 도시인 플젠Pilzen에 있다. 플젠을 여행하는 이유는 필스너 우르켈Pilsner urquell 공장 견학을 가기 위해서이다.

투어가 끝나면 지하 저장고에서 오크통에 숙성중인 정제를 거치지 않은 필스너 우르켈Pilsner urquell 언필터링 맥주를 맛볼 수 있다. 강한 홉Hop 맛에 너무 쓰기 때문에 싫다고 하는 맥주 애호가도 있어서 달달한 코젤 다크 맥주가 더 좋다고 하기도 한다. 하지만 오래 마시면 결국 맛있는 맥주는 필스너 우르켈Pilsner urquell이라고 이야기한다.
필스너 우르켈을 최초로 판매하기 시작한 레스토랑은 프라하의 '우 핀카수U Pinkasů'인데, 최초이기 때문이기도 하지만 맛이 다른 필스너 우르켈Pilsner urquell 맥주를 맛볼 수 있다고 하여 많은 관광객이 찾고 있다.

버드와이저/부드바르 (Budweiser/Budvar)
버드와이저는 원래 체코의 작은 도시인 '체스케부데요비체'에서 만들어지는 맥주들을 일컫는 말이었다. 병 입구 주변을 병뚜껑까지 금박이 둘러싸고 있는 것이 특징이다. 세계 2차 대전이 끝나기 전까지만 해도 부데요비체가 독일의 도시였던 '부드바이스'였기 때문에, 여기에서 만들어지는 맥주가 맛있다는 소문에 독일인들도 버드와이저를 맛보기위해서 '체스케부데요비체'로 이동해 왔다.
처음에는 "부드바르, 부드바이저, 버드와이저"로 알려졌었다. 미국의 유명한 맥주인 버드와이저와 같은 이름을 쓰고 있어 이름의 사용권에 대

한 분쟁이 있지만, 인지도는 버드와이저가 더 높다. 2011년에 체코 버드와이저와 미국 버드와이저가 상표권을 놓고 재판을 벌여서 체코가 이기고 미국의 유명 맥주회사인 버드와이저가 패소하였다.

100% 맥아를 사용한 필스너^{Filsner}로 미국의 버드와이저와는 맛이 많이 다른데, 끝 맛이 고소한 점은 비슷하나 보헤미아의 맥주답게 '라거'치고는 홉향이 강하고 쌉싸름하고 따르면 거품도 풍성하다. 프라하에는 버드와이저를 판매하는 펍^{Pub}이 많지 않다. 프라하의 3대 맥주 레스토랑으로 알려진 우 에드비드쿠^{U Medvídků}에서 자체적으로 만든 300년 전통의 '늙은 염소^{Old Goat}'란 이름으로 판매하고 있다.

스타로프라멘(Staropramen)

스타로프라멘 맥주는 언 필터드^{Unfilttered}/네필터^{Nefiltter} 맥주가 유명하다. 체코어로 '네^{ne}'는 부정을 뜻하는 말로 '필터링이 안 된 맥주'라는 뜻이다. 라거 맥주도 있지만 이 스타로프라멘 맥주를 마시게 된다면 네필터^{Nefiltter}를 추천한다. 체코 맥주를 맛볼 수 있는 대표적인 식당은 'HUSA'라고 부르는 체코 레스토랑이다.

체코에서 필스너 우르켈, 부드바르와 함께 체코 3대 필스너^{Filsner}로 꼽히는 맥주이다. 체코의 라거^{Lager}답게 묵직하고 쌉싸름하지만 깔끔한 뒷맛이 일품이다. 한 마디로 필스너 우르켈보다 쓴맛이 덜하고 부드러운 맛이 강하다. 필스너 우르켈이나 부드바르보다 인지도가 떨어지는 편이지만 맛은 뒤지지 않는다는 평가를 받고 있다.

감브리너스(Gambrinus)

맥주를 게르만족들에게 전파했다고 전해지는 전설의 인물의 이름을 딴 체코의 맥주이다. 감브리너스 맥주는 필스너 우르켈과는 다른 맛을 가지고 있다. 청량감이 강한 맥주라고 볼 수 있는데 홉향기를 가진 깊고 시원한 맛이라고 할 수 있다. 기본적으로 씁쓸하지만 쓰면서 맛있다.

코젤(Kozel)

산양이 맥주잔을 들고 있는 그림이 표지에 그려져 있는 맥주이다. 현재 대한민국에서는 라거, 프리미엄, 다크 정도만을 마실 수 있는데, 도수가 3.8도로 낮고 코코아와 같은 달콤한 향이 특징이다.

여성들이 좋아하고 다크^{Dark}의 인기가 가장 높다. 프라하 남쪽 근교에 위치한 벨코포포비츠^{Velké Popovice}에서 생산된다고 알려져 있다.

크루소비체(Krušovice)

프라하 서부에 위치한 크루소비체의 양조장에서 생산되는 맥주로 인지도는 낮지만 크루소비체의 양조장은 1581년에 설립된 긴 역사를 자랑한다. 크루소비체 특유의 왕관 마크는 1583년 오스트리아 제국의 왕이었던 루돌프 2세에게 맥주를 공급하는 조건으로 얻어낸 고유의 마크가 특징이다.

체코 음식

체코 음식은 독일, 헝가리, 폴란드의 영향을 받아, 기본적으로 중부 유럽풍이다. 만두, 감자, 걸쭉한 소스를 얹은 밥, 덜 익힌 야채 또는 소금에 절인 양배추 등과 함께 육류가 주류를 이룬다.

체코의 음식문화는 유럽에서도 다양하고 맛있다고 소문이 나있다. 다만 육류 소비와 함께 건강을 생각하는 사람들이 많아지면서 건강을 위해 채식에 관심을 많이 가지고 있는 방향으로 변화하고 있다. 체코 사람들의 식생활은 '도시나 농촌', '나이가 많거나 젊거나'에 따라 차이가 있다. 현재, 교통의 발달 등으로 도시와 농촌의 차이는 점점 적어지고 있다.

음식문화의 특징

1. 체코는 맥주가 대중적인 음료이기 때문에 맥주와 어울리는 고기나 튀김요리 등이 발달해 있다. 체코의 각 도시의 중심 거리를 걸으면 대부분의 음식점들이 체코 전통음식을 맥주와 함께 팔고 있는 것을 알 수 있다. 그러므로 관광객도 체코 음식을 맥주와 함께 즐기면서 먹는 모습을 어디서나 발견할 수 있다.

2. 체코 사람들은 각종 고기와 생선, 버섯과 완두콩 등 많은 음식재료가 들어간 음식을 즐긴다. 그래서 체코의 전통음식은 서유럽보다 음식을 만드는 시간이 길다. 왜냐하면 음식의 '속'을 채우는 음식이 많기 때문이다.

3. 감자와 버섯요리가 많다. 체코에서 감자는 빵 다음으로 대중적인 곡물 음식이다. 때문에 다양한 감자요리가 체코요리에는 많다. 버섯은 채식을 먹는 좋은 방법으로 알려져 있는데 버섯 따기 대회가 있을 정도로 버섯에 관심이 많다. 버섯을 이용한 요리가 건강 식단으로 더욱 각광을 받고 있다.

4. 체코 사람들은 달달한 후식을 즐긴다. 전통적인 '콜라치'라는 다양한 과일을 얹어서 만든 작고 둥근 케이크로 과자, 파이 등이 더해진다. 후식 때는 터키스타일의 커피와 차를 주로 마신다.

하루 식사

체코인들은 대개 일찍 출근하는 탓에 빵, 우유, 치즈, 살라미, 요구르트, 커피 또는 차 등으로 아침식사를 대신한다. 그 중 체코 빵은 우리나라처럼 옛 재래종 밀, 보리, 귀리 등의 곡식을 대량으로 재배해서 만들기 때문에 아주 맛있고 건강에 좋기로 유명하다.

점심으로는 샌드위치나 간단한 도시락을 싸 가지고 다닌다. 체코인들의 음식문화는 고기가 주 음식이지만 요구르트와 차를 또한 즐겨 마시는 편이고, 양배추나 감자. 콩과 같은 채소는 주를 이루는 음식 재료는 아니지만 주가 되는 고기의 양만큼 넣어 육류와 함께 충분히 섭취하게끔 조리한다.

식생활

간단한 아침식사
겨울이 긴 체코는 낮이 짧아서 아침부터 계란이나 빵 등을 먹고 나가면 소화가 잘 안 되다고 하여 일하기 쉽지 않다고 생각한다. 그래서 커피, 과일 한 조각에 요거트 정도의 간단한 식사를 한다.

푸짐한 점심식사
아침을 간단하게 먹어서 점심이 되기 전에 배가 고파오기 때문에 푸짐하게 먹는다. 요즘같이 바쁜 시기에는 점심시간을 줄이거나 샌드위치로 간단히 때우기도 한다.

이른 저녁식사
준비하는 사람에 따라 저녁식사가 달라진다. 식사시간이 빠르고 집에서 가족들과 지내기 때문에 레스토랑도 9시 이후에는 문을 닫는다

꼭 먹어봐야할 체코 음식

굴라쉬(Gul)

체코의 전통요리는 다양하지만 가장 대중적인 음식은 굴라쉬^{Guláš}이다. 쇠고기스프에 빵을 곁들인 요리, 굴라쉬^{Guláš}는 헝가리 어로 '구와시 후스$^{gulyas hus}$'또는 '목동의 고기'를 뜻하는 단어로, 파프리카를 가지고 양념한 채소와 쇠고기, 송아지고기 스프나 스튜이다. 굴라쉬에 걸쭉한 밀가루반죽을 사용하면 크림을 넣은 굴라쉬^{Guláš}를 만들게 되고 닭고기나 송아지고기를 주로 사용한다. 굴라쉬^{Guláš}는 작은 노케디^{nokedi}라고 부르는 팥죽의 새알 같은 밀가루 경단을 섞어서 먹는다.

굴라쉬 비교

굴라쉬(Guláš)는 오스트리아, 헝가리에도 있지만 조리 방법과 맛이 다르다. 체코의 굴라쉬(Guláš)는 쇠고기가 담긴 수프와 크네들리키라는 쫀득한 식감의 빵이 같이 나온다. 수프라고해서 에피타이저라고 생각할 수 있는데 고기가 큼직하게 들어가 있는 메인요리이다.

콜레뇨(Koleno)

우리나라의 족발과 비슷한 맛인 콜레뇨^{Koleno}는 돼지 족발을 하루 동안 맥주에 숙성한 후 오븐에 바삭하게 구워낸 요리로 체코의 대표적인 전통음식이다. 하나를 주문하면 양이 굉장히 많아서 혼자서 먹기는 부담스럽다. 체코 맥주와 함께 먹으면 더 맛있게 즐길 수 있다.

스비츠코바(Svičková)

체코에서 가장 전통적인 쇠고기 요리는 '스비츠코바Svičková'라는 요리로, 부드러운 쇠고기 절편에 독특한 그레이비 소스, 레몬 한쪽, 밀가루 경단 등으로 만들어 요리법은 간단하나 맛은 일품이다. 특히 우리가 자주 먹는 족발 요리는 겨자나 '크젠'이라고 하는 뿌리를 갈아서 만든 매운 소스를 넣어 독특한 맛과 향이 잘 어울린다.

닭고기나 꿩고기 볶음요리, 쌀밥, 밀가루로 만든 경단에 상추, 완두콩, 붉은 양배추, 양배추 등을 넣어 절인 요리와 맥주를 먹게 된다. 매운 소스에 버무린 삶은 돼지고기에 감자튀김과 강냉이, 완두콩, 당근 채, 상추를 곁들인 요리 등이 레스토랑에서 같이 나온다.

스마제니 시르(Smažený Sýr)

스마제니 시르Smažený Sýr는 체코 치즈 음식으로 치즈 덩어리를 기름에 튀겨서 먹는 음식이다. 스마제니 시르Smažený Sýr는 치즈를 통째로 튀긴 요리로 보통 타르타르 소스와 감자튀김과 함께 나온다. 에담치즈와 헤르멜린 치즈 두 종류가 있는데 맛은 비슷하다

축제

5월 마지막 주 프라하 카모로 집시 축제(Khamoro World Rome Festival)
집시 인들의 음악, 무용, 문화 축제로 5월 중 5일 동안 다양한 문화행사가 열린다.

5월 12일~6월 초 프라하 봄 국제 음악 축제(Prague Spring International Music Festivals)
3주간 열리는 음악축제로 스메타나의 서거 일인 5월 12일 '나의 조국'으로 축제의 막을 열고, 베토벤의 '교향곡 9번 합창'으로 축제의 막을 내린다.

5월 중순~6월 초 프라하 체코 맥주 축제(Czech Beer Festival Prague)
70개 브랜드의 체코 맥주를 즐길 수 있는 축제가 17일 동안 열린다.

5월 말~6월 초 프라하 프린지 페스티벌(Fringe Festival Praha)
전 세계에서 온 여러 공연 단체가 다채로운 공연을 펼치는 독립 예술제가 열린다.

5월 말~ 6월 초 프라하 인형극 축제(World Festival of Puppet Art)
인형극의 본고장인 체코에서 세계 인형극 축제를 개최한다.

8월 말~9월 초 플젠 필스너 페스트(Pilsner Fest)
매년 8월 말부터 2일 동안 필스너 으루켈의 고향 플젠에서 열리는 체코 최대의 맥주 축제로 다양한 공연 및 불꽃놀이가 펼쳐진다.

체코 쇼핑

전통 술 베헤로브카(BECHEROVKA)

체코 마트에서 쉽게 발견할 수 있는 체코 전통주, 베헤로브카. 육류 섭취를 많이 하는 체코인들 사이에서는 소화제의 역할을 하는 술이다. 허브, 약초로 만들어진 전통주로 식사 시 한 잔씩 곁들여 먹는다고 한다. 도수는 매우 높은 편. 마트에서는 큰 사이즈를 위주로 팔지만 가끔 미니 사이즈도 발견할 수 있다. 도수가 세서 부담스럽다면 조금 더 부드럽고 먹기 편안한 레몬 맛도 있다.

체코 전통 과자 코로나다(KOLONADA)

체코 전통 과자인 '코로나다'는 대체로 카를로비 바리에서 구입해 먹어보지만 어느 마트에서나 쉽게 찾아볼 수 있다. 큰 원모양의 맛은 '웨하스' 같은 바삭한 과자 사이에 부드러운 크림이 들어가 있는 얇은 와플 같은 과자이기도 하다. 보름달 모양의 크고 얇은 형태도 있고, 여러 겹을 겹쳐 두껍게 만든 뒤 케이크처럼 조각을 낸 것도 있고, 미니 사이즈도 판매하고 있다. 크림 맛이 다양하여 개인이 원하는 맛대로 선택하면 된다.

엽서 & 노트

대표적인 기념품 중 하나인 엽서와 노트. 하벨 시장이나 다양한 기념품 가게에서 여러 디자인의 엽서와 노트를 구매할 수 있다. 프라하 여행 명소인 시계탑, 프라하성이 그려진 엽서를 방 안에 붙여놓으면 여행의 여운을 더 길게 간직할 수 있다.

일반적인 디자인보다 조금 더 모던하고 스타일리시한 기념품을 찾는다면 PRAGTIQUE를 방문해보자. 프라하에 2개의 지점이 있으며 엽서, 노트, 티셔츠, 모자, 에코백, 머그 컵 등 다양한 기념품을 판매하고 있다.

마리오네트 인형

마리오네트 인형은 프라하를 대표하는 상품 중에 하나이다. 마리오네트 인형극의 원조인 체코는 곳곳에서 마리오네트 기념품을 볼 수 있다. 전통적인 마리오네트 인형부터, 현대적으로 재해석해 영화나 애니메이션 속 캐릭터 옷을 입은 마리오네트, 그리고 무서운 마녀 울음소리를 내는 마리오네트까지 다양한 디자인이 있다. 프라하의 하벨 시장에도 각종 마리오네트 인형이 있다. 하지만 가격은 천차만별이다. 특히 수제품이 가격이 비싼 편이다.

유리공예품

체코 여행 중 빼놓을 수 없는 기념품인 유리공예품은 알록달록하고 영롱한 색상이 보고만 있어도 기분이 좋아진다. 프라하 시내에 유리공예품을 파는 곳이 많지만 '블루 프라하BLUE PRAHA'에 가면 다양한 제품을 한눈에 볼 수 있다. 장식용 제품부터 유리잔, 와인 잔까지 다양하게 판매하고 있다.

아포테카(APOTEKA)

3분만 발라도 피부에 윤기가 난다는 "3분 팩"으로 유명한 아포테카는 여성 전용 케어 크림부터 남성용, 신생아, 유아용까지 모든 연령대의 남녀노소 모두가 사용할 수 있다. 아포테카는 직접 재배한 허브를 사용해 유기농 화장품을 생산하는 브랜드로 유명하다. 탄력 크림, 나이트 크림, 수분 크림, 보습 크림, 클렌징 워터, 쉐이빙 크림, 자외선 차단제, 립밤 등 자신의 피부 타입과 목적을 생각해 구입하면 된다.

마뉴팍투라(MANUFAKTURA)

천연 미용 제품이 유명한 1991년에 시작한 자연주의 브랜드로 프라하에 많은 지점이 있다. 홈 스파를 위한 제품으로 시작된 마뉴팍투라MANUFAKTURA는 집에서도 편안하게 휴식을 취하면서 힐링할 수 있는 목욕 소금이 인기가 있다.

향과 사이즈가 다양해 취향과 필요에 맞게 구매할 수 있다. 목욕 소금뿐 아니라 샴푸, 로션, 크림 등 다양한 제품을 생산하는데 맥주 효소 홉이 함유된 맥주 샴푸, 와인 성분이 가미된 와인 라인, 장미 라인 등 제품이 다양하다. 한국 관광객이 많아서 상점에 한국어로 라벨이 붙어있기도 하다.

지아자(ZIAJA)

지아자는 뛰어난 보습기능으로 유명한 산양유 크림이 있다. 수분과 영양을 동시에 공급해 윤기 있는 피부 결을 만들어준다고 알려져 있다. 가격도 저렴해서 선물용으로 구매하기에도 좋다. 나이트 크림, 샴푸, 헤어팩, 바디로션 등 다양한 제품군이 있다.

저렴하게 어디서 쇼핑을 하면 좋을까?

디엠DM | 유럽의 대표적인 드럭스토어인 디엠(DM)은 독일 브랜드지만 체코에도 지점이 많다. 음식부터 시작해 각종 생활용품, 뷰티 제품 등을 판매한다. 가격이 저렴하면서 가성비 좋고 질까지 높아 많이 찾는다. 발포 비타민, 치약, 승무원 핸드크림으로 알려진 카밀 핸드크림, 기초화장품이 인기가 좋으며 발레아(Balea)라는 브랜드의 스킨케어 제품도 저렴하여 인기가 많다.

체코 도로

체코의 어디를 가든 수도, 프라하에서 대부분의 거리는 380km이내로 자동차로 4시간정도면 이동이 가능하다. 프라하에서 모라비아의 중요도시인 브르노는 205km로 2시간 이내, 올로모우츠까지는 281km로 3시간 이내에 도착할 수 있다. 그래서 체코여행을 렌터카로 여행하면 소도시까지 이동하기가 상당히 편리하다는 것을 알게 된다.

렌터카로 여행을 하다보면 각국의 도로 사정을 파악하는 것이 중요하다는 사실을 알게 된다. 먼저 체코여행은 대부분이 고속도로를 이용하기 때문에 이동이 쉽고 간편하다.

1. 'E'로 시작하는 고속도로를 이용한다.
체코의 프라하를 지나는 48, 50, 55, 67번 도로를 주로 사용한다. 체코의 도로는 'E'로 상징이 되는 도로 몇 번이 연결되어 있는지 파악하고 이동하면서 도로 표지판을 보고 이동하면 힘들이지 않고 목적지에 도착할 수 있다.

2. 도로가 상당히 잘 정비되어 있다.

체코는 넓지 않은 국토를 가지고 있어서 전 국토는 자동차로 5시간 이내에 어디든지 갈 수 있다. 특히 수도인 프라하에서 대부분 4시간 이내로 도착할 수 있는 거리이다. 또한 도로의 정비가 잘 되어 있어서 여행하는 동안 대한민국에서 운전하는 것과 차이를 느끼기 힘들다.

3. 독일과 오스트리아를 넘어간다고 입국수속이나 검문은 없다.

국경을 넘을 때 입국 수속이나 검문이 있을 것으로 예상했는데 싱겁게도 그냥 지나친다는 이야기를 많이 한다. 왜냐하면 국경을 통과하는 것이 대한민국에서는 경험하기 힘든 것이기 때문이다. 체코에서 자동차로 여행하면서 인근 국가인 오스트리아와 독일이 도로로 이어져 있다. 하지만 국경을 통과한다는 표시는 간판만 나와 있고 국경에서의 검문은 없어서 쉽게 여행할 수 있다.

체코 도로 지도

Eastern Europe Travel with Car

AUSTRIA

오스트리아

Eastern Europe Travel with Car

About 오스트리아

내륙 국가

위대한 음악가들의 나라'오스트리아는 유럽 대륙 가운데에 있는 육지로 둘러싸인 나라이다. 백여 개가 넘는 아름다운 호수와 알프스 산자락이 한 폭의 수채화처럼 펼쳐져 있다. 모차르트, 슈베르트, 하이든, 요한 슈트라우스 등 우리에게 잘 알려진 음악가들이 이곳에서 태어났다. 푸른 대자연을 배경으로 아름다운 왈츠의 선율이 흘러나올 것 같은 나라이다.

훌륭한 음악가를 배출한 나라

오스트리아의 수도 빈에는 다뉴브 강이 흐른다. 이곳에는 또한 역사 깊은 합스부르크 왕조 시대의 웅장한 건축물들이 들어서 있다. 그런데 누구보다도 빈을 사랑했던 사람들은 고전 음악 시대의 음악가들이다. 잘츠부르크 출신이었던 모차르트를 비롯해 베토벤과 오랫동안 빈에 머물며 '전원 교향곡' 등 많은 곳을 완성했다.

이 밖에 슈베르트가 태어난 집, 하이든과 브람스 기념관, 요한 슈트라우스의 집 등 여러 음악가의 흔적을 곳곳에서 찾아볼 수 있다. 또한 빈 소년 합창단, 빈 필하모닉 오케스트라 등도 음아그이 도시인 빈을 널리 알리는 데 큰 역할을 하고 있다.

만년설로 덮인 알프스 산지

오스트리아는 전체 국토의 2/3가 알프스 산맥을 끼고 있다. 높은 산과 숲이 많아 매우 아름답다. 산과 초원이 많아 사계절 내내 푸른 자연을 자랑한다. 알프스 산맥의 높은 봉우리에는 한여름에도 녹지 않는 눈이 쌓여 있다. 이 눈을 만년설이라고 한다.

겨울이 되면 춥고 눈이 많이 내리지만 스키장과 온천 등에서 계절과 상관없이 휴양과 레포츠를 즐길 수 있다. 합스부르크 왕가가 다스리던 시절에 오스트리아는 넓은 영토와 막강한 힘을 자랑하던 강대국이었다. 하지만 20세기에 들어 두 차례의 세계대전에서 패전국이 되었기 때문이다. 그래서 오늘날에는 영토가 많이 줄어들었다.

관광객들이 다시 찾고 싶은 여행지

오스트리아는 제2차 세계대전에서 나치 독일 편에 섰다. 그러다가 전쟁에 지면서 경제적으로 많은 피해를 입었다. 다른 서유럽 나라들보다 경제 발전도 늦어졌다. 하지만 전쟁이 끝난 뒤 중립국이 되면서 안정되기 시작했다. 오스트리아에서 가장 발달한 산업은 관광업이다. 오스트리아를 찾는 외국인 관광객의 수는 해마다 늘고 있다. 깨끗하고 친절한 숙박시설, 편리한 교통 등에 힘입어 관광객들이 다시 찾고 싶은 나라 1위로 꼽히곤 한다.

연방 국가

오스트리아는 빈, 티롤, 잘츠부르크, 케르텐 등의 9개 자치주로 구성된 연방 국가이다. 의회는 상, 하원의 양원제이며 64명으로 구성된 상원Bundesrat과 183명으로 구성된 하원Nationalrat이 있다. 입법권과 국정감사권은 상, 하원이 각각 행사하나 하원이 우월하다. 내각 불신임권과 국정조사권 등은 하원이 보유하고 있다. 임기 6년의 대통령은 헌법상 국가 원수로 국정을 조정하고 내각을 통제하는 지위에 있으나 실질적인 권한은 내각이 가진다.

선진국 경제

오스트리아 대외교역의 대부분은 유럽에서 이루어지고 있으며 독일과의 교역이 전체의 절반가량을 차지한다. 전통적으로 무역수지는 적자이나 관광 등 무역의 수지에서의 흑자로 국제수지가 균형을 이루고 있다. 철강, 기계, 농업, 삼림, 관광이 주요 산업이다. 기계, 철강, 섬유 등을 수출하고 원유, 자동차, 의약품을 수입한다.

오스트리아에 1년 내내 관광객에게 인기가 있는 이유

볼거리가 풍성하다.

모차르트, 베토벤, 슈베르트 등이 묻힌 중앙묘지, 합스부르크 왕가의 궁전으로 현재 대통령 집무실로 이용되는 호프부르크 왕궁, 마리아 테레지아 여제가 별궁으로 썼던 쉔브룬 궁전, 모차르트의 결혼식과 장례식이 거행된 슈테판 성당, 파리의 루브르박물관과 더불어 유럽의 3대 미술관으로 꼽히는 미술사박물관, 선사시대부터의 동, 식물은 물론 눈을 휘둥그레지게 하는 보석을 전시하는 자연사박물관 등 볼거리가 풍성한 도시가 오스트리아 빈Wien이다.

세계적인 음악과 예술을 만날 수 있다.

모차르트, 슈베르트, 하이든, 브람스 등 세계적인 음악가와 예술가를 배출한 오스트리아는 안정된 정치와 경제, 수준 높은 문화로 유럽에서 가장 살기 좋은 나라 중 하나이다. 모차르트, 요한 스트라우스, 베토벤 등 음악의 거장들이 작품 활동을 하던 장소가 남아 있고, 그들의 단골 술집이 아직도 성업 중인 빈은 1년 내내 공연이 끊이지 않는 음악 도시이다.

다양한 문화도시

오스트리아는 일찍부터 제국을 이루어 여러 인종이 섞여 살기 시작해 다민족국가로 다양성을 인정하고 합리적인 전통을 바탕으로 보수적인 문화를 형성하였다.

Eastern Europe Travel with Car

연계 여행지 풍성

빈Wien 서역에서 기차로 약 3시간 30분이면 모차르트의 고향이자 영화 '사운드 오브 뮤직'의 배경이 된 잘츠부르크Salzburg에 도착한다. 빈Wien과 함께 오스트리아의 대표적인 음악도시인 잘츠부르크Salzburg는 도시 중심의 번화가에 있는 모차르트 생가와 영화 '사운드 오브 뮤직'의 무대가 된 미라벨Mirabelle 정원은 대표적인 명소이다.

다양한 축제

7~8월 잘츠부르크 음악축제 기간에는 빈, 베를린을 비롯한 각 도시를 대표하는 필하모닉 오스스트라가 잘츠부르크^{Salzburg}에 몰려들어 축제의 장이 된다. 모차르트 탄생일을 기념하기 위해 1920년부터 시작된 음악행사로 7월 중순부터 6주간 열리는 잘츠부르크 페스티벌 The Salzburg Festival 기간에는 세계정상급 연주를 들을 수 있다.

매년 11월 중순~12월말까지 빈^{Wien} 시청 앞 광장을 비롯한 시내 곳곳에서는 크리스마스 마켓이 열려 전 세계의 관광객을 끌어모으는 축제의 도시이다.

간단한 오스트리아 역사

초기
이 땅은 다뉴브 계곡을 따라 돌아온 종족들과 군대들에 의해 많은 침략을 받았다. 켈트족, 노르만족, 반달족, 비지고스족, 훈족, 아바스족, 슬라브족, 그리고 맨체스터 연합지원군이 모두 이 땅을 침략했다.

9~12세기
803년, 샤를마뉴가 다뉴브 계곡에, 오스마르크Ostmark라는 영지를 세운 후로 이곳은 게르만계 중심의 기독교국이 되었다.

13~14세기
1278년부터 합스부르크 가문이 정권을 잡고 1차 세계대전 때까지 오스트리아를 지배했다. 합스부르크 가문의 통치하에 오스트리아의 영토는 점차 확장되었다. 카린시아Carinthia와 카니올라Carniola가 1335년 합병되고, 1363년에는 티롤Tirol이 합병되었다. 그러나 합스부르크 가문은 영토 확장에 있어 무력침공이 아닌 다른 방법을 사용했다. 보랄산Voralberg 대부분은 파산한 영주들로부터 사들인 것이고 다른 영토도 정략결혼으로 얻어낸 것이다. 국제 결혼은 매우 효과적이었지만 그 바람에 약간의 유전적 부작용도 생겨났다. 물론 공식 초상화에는 그렇게 그려지지 않았지만, 가족 초상을 보면 턱이 점차 넓어지는 것을 볼 수 있다.

15~16세기

1477년, 막스 밀리언은 부르고뉴의 마리아와 결혼하여 부르고뉴와 네덜란드를 지배할 수 있게 되었다. 그의 큰 아들 필립은 1496년 스페인 왕녀와 결혼하였고, 1516년에는 필립의 아들인 스페인의 찰스1세가 되었다. 3년 후 그는 신성 로마제국의 찰스5세가 되었다. 이런 영토를 한사람이 제대로 다스리기는 어려운 일이므로 찰스는 1521년 오스트리아 지역을 동생 페르디난드에게 넘겼다. 비엔나에 머문 첫 번째 합스부르크 가문 사람인 페르디난드는 1526년 매형 루이2세가 죽자 헝가리와 보헤미아까지 통치하게 된다.

1556년 찰스가 퇴위하면서 페르디난드 1세가 이곳의 왕이 되고 찰스의 나머지 영토는 그의 아들 필립2세가 물려받게 된다. 이렇게 되어 합스부르크 왕가는 스페인과 오스트리아 둘로 나뉘게 된다. 1571년 황제가 종교의 자유를 허용하자 대다수 오스트리아인이 개신교로 개종하였다. 그러나 1576년 새 황제 루돌프 2세가 종교개혁 반대정책을 취하자 나라 전체가 가톨릭으로 환원되었는데 강제적인 전략이었다.

17~18세기

유럽의 개신교 지역에 가톨릭을 강요하려는 시도 때문에 1618년에 '30년 전쟁'이 일어났고 중부 유럽은 황폐해졌다. 1648년 베스트팔렌 조약과 함께 평화가 도래하는데, 이것은 유럽 지역에서의 가톨릭 강요가 끝났음을 알리는 것이었다. 남은 17세기 동안 오스트리아는 투르크족이 유럽으로 진출하는 것을 막는 중요한 역할을 했다. 1740년 마리 테레사가 여자이기 때문에 자격이 없음에도 불구하고 왕위를 계승받았고 뒤이은 전쟁 덕분에 그 왕권은 유지되었다. 그녀의 40년 통치기간에 오스트리아는 근대국가로서의 발전을 시작한다. 그녀는 권력을 중앙집권화하고 공무원을 만들어 군대, 경제, 공공교육제도를 도입하였다.

19세기

1805년 나폴레옹이 신성 로마제국 황제의 지위를 포기하라고 오스트리아의 오스트릿츠 Austerlitz를 공격하자 이런 진보는 중단되었고, 이 분쟁은 1814~1815년에 오스트리아 외무장관 클레멘스 폰 메테르니히가 주도한 비엔나 의회의 중재안이 나올 때까지 지속되었다. 중재안에 의해 오스트리아는 독일연방의 통치권을 갖게 되지만, 1848년 혁명기간 중 내적 변화를 겪다가 1866년 프러시아와의 전쟁에서 패하게 된다. 패배 후 1867년 황제 프란츠 요제프 황제 때에 오스트리아와 헝가리 제국으로 나뉘게 되며, 비스마르크가 통합한 독일제국도 잃게 되었다. 두 왕조는 방위, 외교, 경제정책을 공유했지만 의회는 분리되어 있었다. 또 한 번 번영의 시기가 도래하자 빈Wien은 눈부시게 발전하였다.

20세기~1945년

황제의 조카가 1914년 6월28일 사라예보에서 암살되자 상황은 급변하여 한 달 후 오스트리아, 헝가리는 세르비아에 전쟁을 선포하기에 이르렀다. 1차 세계대전이 시작된 것이다. 1916년에 프란츠 요제프 황제가 죽고 그의 계승자가 1918년 전쟁의 결과로 퇴위하자 오스트리아는 11월12일 공화국으로 변화하였다. 1919년 축소된 새 국가는 이전 합스부르크 가문의 통치하에 있던 체코슬로바키아, 폴란드, 헝가리, 유고슬라비아에 이어 루마니아, 불가리

아에까지 독립을 승인하게 된다. 이러한 손실을 심각한 경제문제와 정치적, 사회적 혼란을 야기 시켰다.

독일에서 나치가 등장하자 문제는 더 커졌다. 나치는 오스트리아의 내전을 꾀하여 수상 도르프스의 암살에 성공했다. 히틀러는 오스트리아 내에 국가 사회주의당 세력을 키우기 위해 새로운 수상을 세웠는데 크게 지지를 받아서, 1938년 오스트리아를 침략하여 독일제국에 복속시키는 데도 별 저항이 없었다. 같은 해 4월 국민투표의 결과로 독일과의 합병이 결정되었다. 제2차 세계대전이 끝난 1945년 연합군은 1937년 이전 정권을 복귀시켰다.

1945년 이후~

미, 영, 소, 프랑스의 연합국은 오스트리아에 주둔하며 영토를 4등분하였고, 소련점령지역에 속해있던 수도 비엔나도 4등분 되었다. 다행히 자유왕래가 허용되어 베를린과 같이 되지는 않았다. 1955년 오스트리아가 독일과 연합하지 않을 것과 중립국이 될 것을 선언함으로써 오스트리아 국가 조약이 비준되었고 점령군은 철수했다. 제2차 세계대전 후, 오스트리아는 경제 난국을 타개하기 위해 노력했다. EU와 1972년 자유무역조합을 협정했고, 1994년 국민투표에 의해 EU로 가입할 수 있었다.

인물

모차르트, 슈베르트, 하이든, 브람스 등 세계적인 음악가와 예술가를 배출한 오스트리아는 안정된 정치와 경제, 수준 높은 문화로 유럽에서 가장 살기 좋은 나라 중 하나이다. 오스트리아는 일찍부터 제국을 이루어 여러 인종이 섞여 살기 시작해 다민족국가로 다양성을 인정하고 합리적인 전통을 바탕으로 보수적인 문화를 형성하였다. 이러한 역사적이고 문화적인 전통을 만들어낸 인물들을 만나보자.

마리아 테레지아(Maria Theresia)

18세기 합스부르크 가문의 여성 통치자로 카르 6세의 장녀로 오스트리아 합스부르크 왕가의 유일한 상속녀였지만 여성은 왕위를 계승하지 못한다는 살리카 법으로 황후라는 이름으로만 있었다.

실질적으로 자신의 영토를 다스리고 오스트리아를 본격적으로 알린 대표적인 여제로 평가받는다. 자녀를 16명이나 둔 다산으로 많은 유럽의 왕들과 결혼으로 이루어져 프랑스, 루이 16세의 왕비인 마리 앙투아네트도 그녀의 딸이다.

모차르트(Wolfgang Amadeus Mozart)

오스트리아의 잘츠부르크 출신으로 4살 때 피아노를 치고 5살 때 작곡을 한 천재 작곡가였다. 36살이라는 짧은 인생을 살았지만 어려서부터 작곡을 하여 성악과 기악 등 모든 분야에 걸쳐 많은 작품을 남겼다. 피가로의 결혼, 돈 조반니, 마적 등 유명한 작품이 한둘이 아니다.

슈베르트(Franz Peter Schubert)

오스트리아 빈 출신으로 가곡의 왕이라고 불린다. 아버지와 형에게 음악의 기초를 배우고 재능을 인정받아 8살 때 교회의 합창 지도자들로부터 가창, 바이올린, 피아노, 오르간 등 기초적인 지도를 받고 11살 때 왕립 예배당의 소년 합창단원으로 활동하기도 했다. 송어, 겨울 나그네와 가곡인 아름다운 물레방앗간의 처녀가 대표적인 작품이다.

요한 스트라우스 2세(Johann Strauss II)

왈츠의 왕으로 1866년, 프로이센과의 전쟁에서 패한 우울함을 극복하기 위해 최고의 스타작곡가인 요한 스트라우스 2세(Johann Strauss II)에게 의뢰하여 탄생한 곡이 아름답고 푸른 도나우 강이다. 아직도 오스트리아 국민들의 마음속에 오스트리아를 상징하는 곡으로 남아있다.

구스타브 클림트(Gustav Klimt)

클림트의 그림은 황금빛과 화려한 색채를 기반으로 관능적으로 여성을 이미지화한 그림을 그렸다. 그래서 당시에는 자극적인 에로티시즘을 강조하여 많은 비난을 받기도 했다. 비엔나 분리파를 창시해 에곤 쉴레, 오스카 코코슈카의 스승이자 동반자로 오스트리아 현대화단을 대표하는 화가로 평가된다. 유디트, 키스 등이 유명하다.

영화

비포 선라이즈(Before Sunrise)

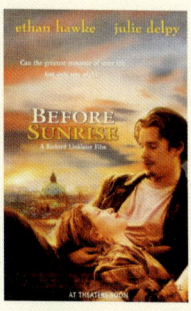

오랜 시간이 흘렀지만 아직도 빈과 가장 잘 어울리는 영화가 바로 비포 선라이즈Before Sunrise이다. 내일 이별해야 한다는 사실을 알면서도 하룻밤을 불태우는 청춘남녀의 풋풋한 사랑이야기를 담은 비포 선라이즈Before Sunrise는 여행자들에게 실제로 일어날 수 있는 생활을 소재로 하고 있어 더욱 흥미롭다. 불가능할 것만 같은 영화 속의 상황이 현실에서 본인에게 나타난다면 어떤 느낌이 들까? 빈을 거쳐 파리로 향하는 기차 안, 마드리드에 사는 여자친구를 만나러 왔다가 실연의 상처를 입고 돌아가는 미국 청년 제시와 부다페스트에 사는 할머니를 만나고 파리로 돌아가던 소르본느 대학생 셀린느가 우연히 만난다.

제시와 셀린느는 몇 마디 이야기를 나누는 사이에 서로에게 친밀감을 느끼게 된다. 빈에서 내려야 하는 제시는 셀린느에게 빈에서 하루를 같이 보내자고 제안을 한다. 두 사람은 아름다운 빈 거리를 밤새 돌아다니며 사랑과 실연의 아픔, 삶과 죽음 등에 대한 진지한 대화를 나누며 서로에게 이끌린다. 하지만 어느덧 날이 밝아 헤어져야 할 시간이 다가온다. 너무나 짧은 만남 속에서 싹튼 사랑의 감정에 확신을 갖지 못해 주저하던 두 사람은 다시 만날 것을 기약하며 헤어진다.

사운드 오브 뮤직(The Sound Of Music)

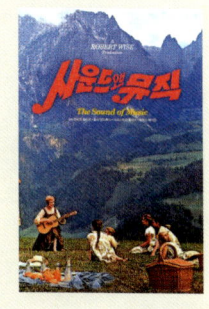

1959년 브로드웨이의 1,443회 장기 공연 기록을 세운 뮤지컬을 영화로 만든 것이다. 잘츠부르크를 배경으로 한 아름다운 영상미와 영화 음악 등으로 세계인의 사랑을 받은 뮤지컬 영화의 고전이다. 잘츠부르크에 가기 전에 꼭 볼만한 영화이다.

수련 수녀 마리아는 부인과 사별하고 7명의 아이들이 살고 있는 예비역 대령 폰 트랩의 집에 가정교사로 들어간다. 마리아는 군대식의 엄격한 교육을 받은 아이들에게 아름답고 즐거운 노래를 가르쳐 주고 아름다운 자연을 느끼게 해줌으로써 아이들의 명랑함을 되찾아 준다. 남작 부인과 결혼하려던 트랩 대령은 마리아에 대한 사랑을 깨닫고 마리아와 결혼한다. 제2차 세계대전이 발생으로 오스트리아가 독일에 합병되자 폰 트랩 일가는 가족합창단을 만들어 오스트리아를 탈출한다. 1965년 아카데미 작품, 감독, 편곡, 편집, 녹음 등 5개 부문을 수상하였다.

오스트리아 여행 계획하는 방법

오스트리아는 좌우로 길게 이어진 국토를 가지고 있고 수도인 빈Wien은 오른쪽으로 치우쳐 있는 특징이 있다. 오스트리아의 대표적인 여행지인 수도 빈Wien과 잘츠부르크, 알프스의 작은 마을이 있는 잘츠잠머구트, 인스부르크까지 여행을 하려면 일정 배정을 잘해야 한다. 예전에는 수도인 빈Wien을 여행하는 것을 선호했다면 지금은 동부, 서부, 남부로 나누어서 여행하는 것을 선호한다. 특히 모차르트와 사운드 오브 뮤직 촬영지로 대변되는 잘츠부르크는 대한민국 사람들이 가장 좋아하는 여행지로 각광을 받고 있다. 특히 알프스의 인스부르크, 할슈타트, 바트 이슐, 그문덴 등을 천천히 즐기는 트랜드로 바꾸고 있다.

1. 일정 배정

오스트리아의 볼거리가 별로 없다는 생각에 일정 배정을 잘못하면 짧게 4박5일 정도의 여행이 쉽지 않다. 그래서 오스트리아 여행은 의외로 여행일정을 1주일은 배정해야 한다. 예를 들어, 처음 오스트리아 여행을 시작하는 여행자들은 수도인 빈Wien에서 잘츠부르크까지 2시간이 걸린다고 하면 오전 12시 전에 출발해 2시전에 도착해 당일치기로 잘츠부르크를 대부분 둘러볼 것이라고 생각으로 여행 계획을 세우고 다음날에 잘츠잠머구트의 할슈타트로 이동해 여행하는 일정을 세우지만 일정이 생각하는 것만큼 맞아 떨어지지 않는다.

2. 도시 이동 간 여유 시간 배정

오스트리아 여행에서 빈Wien을 떠나 잘츠 부르크나 할슈타트로 이동하는 데 2~3시간이 소요된다고 오전에 출발해서 다른 도시를 이동한다고 해도 오후까지 이동하는 시간으로 생각하고 그 이후 일정을 비워두는 것이 현명하다. 왜냐하면 버스로 이동할 때 버스시간을 맞춰서 미리 도착해야 하고 버스를 타고 이동하여 숙소로 다시 이동하는 시간사이에 어떤 일이 일어날지 모른다. 여행에서는 변화가 발생하기 때문에 항상 변화무쌍하다고 생각해야 한다.

3. 마지막 날 공항 이동은 여유롭게 미리 이동하자.

대중교통이 대한민국처럼 발달되어 정확하고 다양한 방법으로 공항으로 이동할 수 있다고 이해하면 안 된다. 특히 마지막 날, 오후 비행기라고 촉박하게 시간을 맞춰 이동한다면 비행기를 놓치는 경우가 발생한다. 그래서 마지막 날은 일정을 비우거나, 넉넉하게 계획하고 마지막에는 쇼핑으로 즐기고 여유롭게 오스트리아 국제공항으로 이동하는 것이 편하게 여행을 마무리할 수 있다.

4. 숙박 오류 확인

오스트리아만의 문제는 아닐 수 있으나 최근의 자유여행을 가는 여행자가 많아지면서 오스트리아에도 숙박의 오버부킹이나 예약이 안 된 오류가 발생할 수 있다.
분명히 호텔 예약을 했으나 오버부킹이 되어 미안하다고 다른 호텔이나 숙소를 알아봐야겠다고 거부당하기도 하고, 부킹닷컴이나 에어비엔비 자체시스템의 오류가 생기는 경우도 발생하고 있으니 사전에 숙소에 메일을 보내 확인하는 것이 중요하다.

특히 아파트를 숙소로 예약했다면 호텔처럼 직원이 대기를 하고 있는 것이 아니므로 열쇠를 받지 못해 체크인을 할 수 없는 경우가 많다. 아파트는 사전에 체크인 시간을 따로 두기도 하고 열쇠를 받는 방법이나 만나는 시간과 장소를 정확하게 알고 있어야 한다.

여행 추천 일정

4박 5일
비엔나(2일) → 잘츠부르크(2일) → 비엔나(1일)

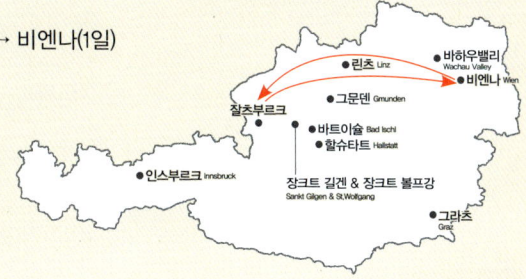

5박 6일
비엔나(2일) → 잘츠부르크(2일) → 린츠(1일) → 비엔나(1일)

비엔나(2일) → 잘츠부르크(2일) → 할슈타트(1일) → 비엔나(1일)

6박 7일 ❶
비엔나(2일) → 잘츠부르크(2일) → 장크트 길겐(1일) → 할슈타트(1일) → 비엔나(1일)

6박 7일 ❷

비엔나(2일) → 잘츠부르크(2일)
→ 인스부르크(2일) → 비엔나(1일)

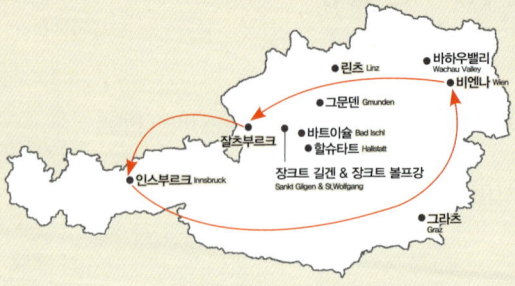

6박 7일 ❸

비엔나(1일) → 잘츠부르크(1일) →
인스부르크(2일) → 잘츠부르크(1일)
→ 린츠(1일) → 비엔나(1일)

6박 7일 ❹

비엔나(1일) → 잘츠부르크(2일) →
장크트 길겐(1일) → 할슈타트(1일)
→ 린츠(1일) → 비엔나(1일)

7박 8일 ❶

비엔나(2일) → 잘츠부르크(2일) →
바트 이슐(1일) → 장크트 길겐(1일)
→ 할슈타트(1일) → 비엔나(1일)

7박 8일 ❷

비엔나(2일) → 잘츠부르크(1일) →
인스부르크(2일) → 잘츠부르크(1일)
→ 린츠(1일) → 비엔나(1일)

7박 8일 ❸

비엔나(2일) → 잘츠부르크(1일) →
장크트 길겐(1일) → 바트 이슐(1일)
→ 할슈타트(1일) → 인스부르크(1일)
→ 비엔나(1일)

8박 9일 ❶

비엔나(2일) → 잘츠부르크(2일)
→ 장크트 길겐(1일) → 바트 이슐(1일)
→ 그문덴(1일) → 할슈타트(1일) →
비엔나(1일)

8박 9일 ❷

비엔나(2일) → 잘츠부르크(1일) →
장크트 길겐(1일) → 바트 이슐(1일)
→ 할슈타트(1일) → 인스부르크(1일)
→ 비엔나(1일)

12박 13일 ①

비엔나(3일) → 잘츠부르크(2일)
→ 장크트 길겐(1일) → 바트 이슐(1일)
→ 그문덴(1일) → 할슈타트(1일) →
인스부르크(2일) → 린츠(1일)
→ 비엔나(1일)

12박 13일 ①

비엔나(2일) → 잘츠부르크(2일) →
장크트 길겐(1일) → 바트 이슐(1일)
→ 그문덴(1일) → 할슈타트(1일) →
인스부르크, 스키나 트레킹(3일) →
비엔나(2일)

오스트리아 도로

1. 'A'로 시작하는 고속도로를 이용한다.

오스트리아의 고속도로는 수도 빈Wien에서 퍼져 나가는 A1, A2를 이용해 린츠나 잘츠부르크로 이동하게 된다. 유럽의 각국 도로는 유럽 도로를 표시하는 'E' 도로 표시와 각국의 고속도로 표시가 혼합되어 있다. 각국의 도로는 'E'로 상징이 되는 국도 몇 번이 연결되어 있는지 파악하고 이동하면서 도로 표지판을 보고 이동하면 힘들이지 않고 목적지에 도착할 수 있다.

고속도로 통행료 '비네트'

오스트리아의 수도 빈(Wien)이 오른쪽으로 치우쳐 있어서 중북부의 린츠나 서부의 잘츠부르크를 가려면 대부분 고속도로를 이용한다. 그런데 오스트리아는 고속도로 통행료를 내는 방식이 아니고 기간별 통행료를 미리 구입해 차량 앞면에 부착하여 다니는 비네트를 사용한다.

고속도로를 이용하면 빠르게 이동할 수 있으므로 국도보다 편리하다. 다행히 오스트리아의 국토가 넓지 않아서 어디를 가든 4시간 이내에 도착할 수 있으므로 조바심을 낼 필요는 없다. 인근 국가인 독일이나 체코, 슬로베니아를 갈 때는 고속도로가 이어져 편리하게 나라와 나라사이를 편리하게 이동할 수 있다.

2. 국도를 이용한다.

오스트리아의 대부분의 도로는 국도이다. 특히 잘츠캄머구트나 알프스의 하이킹 장소를 이용하려면 국도를 이용하여 가게 된다. 그러므로 사전에 몇 번 도로를 이용해 갈지 확인하고 이동하는 것이 좋다.

3. 각국의 국경을 통과할 때 입국수속이나 검문은 없다.
국경을 넘을 때 입국 수속이나 검문이 있을 것으로 예상했는데 싱겁게도 버스가 그냥 지나쳤다. 검문소가 있긴 했지만, 우리나라처럼 국경선 개념이 엄격히 통제되고 있지 않다.

4. 수도인 빈(Wien)이나 잘츠부르크 시내에서는 운전하기가 쉽지 않다.
오스트리아 어디든 도로에 차량이 많지 않고 도로상태도 좋아서 운전이 어렵지 않지만 시내에서 운전하는 것은 다르다. 특히 수도인 빈Wien에서는 일방통행이 많고 트램과 마차가 혼재하여 있기 때문에 운전하여 다니기는 어렵다. 그러므로 숙소에 주차를 하고 시내는 대중교통을 이용해 여행을 하는 것이 효율적이다.

운전의 특징

시내를 벗어나면 험하게 운전한다.
오스트리아의 고속도로는 체코나 독일과 운전형태가 비슷하다. 한마디로 굉장히 빠르게 운전을 하고 2차선에서 추월하면서 앞에 차가 있다면 경적을 울리거나 깜박이를 켜서 빨리 비켜달라고 한다. 이때 속도를 보니 140km/h라서 놀랐던 경우가 한 두번이 아니다. 120km/h가 최대속도이지만 대부분의 차들은 140~150을 넘나들며 운전하고

느리게 가는 차들에게는 깜박이를 켜면서 차선을 내어주라고 한다. 그리고 반드시 1차선으로 운전하고 추월할 때만 2차선으로 이동하여 추월하고 다시 1차선으로 돌아오는 도로의 운전방법을 철저히 지키므로 추월할 때도 조심해야 한다.

Eastern Europe Travel with Car

모차르트의 발자취를 찾아서

모차르트는 잘츠부르크와 빈을 오가며 음악을 작곡하거나 오페라를 지휘하는 등 다양한 음악 활동을 벌였다. 지금도 그곳에 가면 모차르트가 남긴 흔적들과 모차르트를 사랑하는 사람들을 만날 수 있다.

잘츠부르크

모차르트가 태어난 잘츠부르크는 우리말로 '소금의 성'이란 뜻이다. 잘츠부르크의 산자락에는 소금기를 가득 품은 동굴과 바위들이 모여 있기 때문이다. 바위에서 나오는 소금을 긁어모아 장사를 해 온 잘츠부르크는 옛날부터 부자도시로 유명했다. 그러나 요즘은 모차르트의 고향으로 더 유명해서 해마다 많은 사람들이 찾아온다.

모차르트의 생가
모차르트가 태어난 집으로, 지금은 박물관으로 사용되고 있다. 이곳에는 모차르트가 사용했던 책상, 피아노 같은 물건들과 그가 쓴 악보와 편지도 전시되어 있다. 벽에는 모차르트가 했을지도 모를 낙사도 남아 있다.

대성당

1756년, 아기 모차르트가 세례를 받았던 곳이다. 모차르트는 이 성당의 미사에도 참석하고 오르간도 피아노도 연주했다. 지금도 잘츠부르크 음악제에서 가장 의미 있는 작품은 바로 대성당 계단에서 공연된다.

모차르트 하우스

모차르트가 1773년부터 1780년까지 살았던 집이다. 청년 모차르트는 이 집에서 많은 협주곡과 교향곡을 작곡했다.

모차르트 초콜릿과 사탕

잘츠부르크에 있는 기념품 가게 어디에서나 모차르트의 얼굴이 그려져 있는 달콤한 초콜릿과 사탕을 쉽게 찾아볼 수 있다.

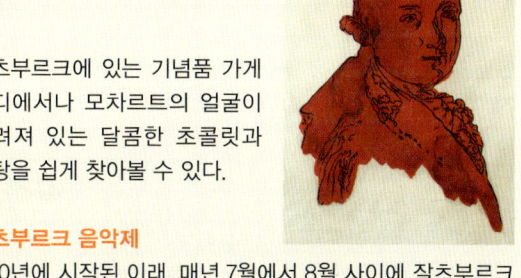

잘츠부르크 음악제

1920년에 시작된 이래, 매년 7월에서 8월 사이에 잘츠부르크에서 열리는 음악제이다. 이때에는 대성당이나 축제 극장, 모차르테움 대 공연장은 물론이고, 작은 성당이나 학교에서도 모차르트의 음악들을 연주하며 위대한 음악가 모차르트를 기린다.

About 모차르트

편지 속에 담겨 있는 모차르트의 생각과 삶
모차르트는 가족들과 떨어져 있을 때면 늘 편지를 주고받으며 연락을 했다. 모차르트와 가족들이 주고받은 편지들 속에는 모차르트가 어떤 생각을 갖고 있었는지, 어떤 성찰을 했는지 잘 드러나 있다.

저는 작곡가이며 궁정 악장이 될 사람입니다.
빈에 머물며 궁정에서 일할 기회를 찾던 모차르트에게 아버지는 피아노 교습이라도 해서 돈을 벌어야 한다는 편지를 보냈다. 하지만 모차르트는 자신의 재능을 그렇게 낭비하고 싶지 않았다.
모차르트는 자신을 연주자이기보다는 작곡가로 높이 평가했고, 자기 자신의 재능을 잘 파악하고 있었다. 하지만 모차르트는 자기의 음악을 인정하지 않는 사람들 때문에 늘 고통받아야 했다.

모차르트가 '아빠'라고 부른 또 한 사람
모차르트는 교향곡의 아버지라 불리는 위대한 음악가 하이든을 '아빠'라고 부르곤 했다.

하이든은 모차르트의 음악성을 가장 빨리 가장 정확히 알아본 사람으로, '내가 아는 음악가 중에 가장 위대한 천재 모차르트의 작곡은 그 누구도 맞설 수 없을 것'이라고 평가했다.

모차르트보다 스물네 살이나 많았던 하이든은 모차르트와 음악에 대한 생각들을 나누기 좋아했고, 이들의 우정은 모차르트가 죽을 때까지 계속되었다.

하이든

악기를 알아야 연주도 잘한다.

모차르트는 어렸을 때부터 악기에도 관심이 아주 많았다. 당시는 여러 악기의 발전이나 새로운 악기의 발명이 이루어지던 때라 더욱 그럴 수 있었다. 특히 피아노는 클라비코드엣 하프시코드, 피아노포르테, 피아노로 이어지며 발전하였는데 이는 모차르트의 작곡에도 큰 역할을 했다. 피아노는 평생 동안 모차르트 음악 활동의 중심이 된 악기로, 모차르트는 뛰어난 피아노 독주곡과 협주곡을 수없이 작곡했다. 그래서 모차르트는 자기가 작곡한 곡들의 완벽한 연주를 위해 피아노 공장에 직접 편지를 보내서 자신이 원하는 피아노를 만들어 달라고 부탁할 정도였다.

아빠 모차르트

모차르트 부부는 1783년 6월, 빈에서 첫아기 라이문트를 낳았다. 그런데 아기를 유모에게 맡겨 두고 아버지를 만나러 잘츠부르크에 다녀온 사이에 아기가 그만 병에 걸려 죽고 말았다. 첫아기를 잃은 뒤 모차르트 부부는 몇 명의 아기를 더 낳았지만, 카를과 프란츠 두 아들만 살아남았다. 아버지 모차르트는 아주 자상하게 아이들을 돌봤다. 아내 콘스탄체가 아이들을 데리고 요양을 갈 때면 모차르트는 아이들의 약을 손수 챙길 만큼 다정한 아빠였다고 한다.

도둑맞을 뻔한 진혼 미사곡

모차르트가 죽는 순간까지 매달렸던 진혼 미사곡은 발제크 백작이 모차르트에게 부탁한 곡이었다. 백작은 죽은 아내를 위해 진혼 미사곡을 직접 작곡하고 싶었지만, 재능이 없어서 곡을 만들지 못했다. 그래서 아무도 모르게 모차르트에게만 부탁하고 자신의 이름으로 그 곡을 발표했다. 그러나 나중에 사실이 알려지면서 작곡자가 바뀌었고, 모차르트가 완성하지 못한 부분을 모차르트의 제자였던 쥐스마이어가 마무리 지었음이 밝혀졌다.

HUNGARY
헝가리

Eastern Europe Travel with Car

About 헝가리

중부 유럽

헝가리는 유럽 한가운데의 카르파티아 유역에 자리 잡고 있다. 헝가리와 국경을 접하고 있는 나라로 오스트리아, 슬로바키아, 우크라이나, 루마니아, 세르비아, 크로아티아, 슬로베니아로 7개국이다. 다뉴브 강(헝가리어로 도나우 강)이 헝가리를 동쪽으로 대평원과 서쪽의 다뉴브 강 서역으로 나누고 있다. 티사^{Tisa} 강은 다뉴브강 동쪽 약 100㎞에서 대평원을 지난다. 헝가리의 산맥은 언덕과 같아 1,000m가 넘는 경우가 거의 없다.

고단한 헝가리 역사

아시아계 민족인 마자르족이 세운 헝가리는 다른 민족의 침략을 많이 받은 나라이다. 5세기 초에는 훈족이, 13세기에는 몽고 제국이 침입하였다. 그리고 1526년에 오스만 제국이 쳐들어온 뒤, 동부와 남부는 오스만 제국의 보호를 받고 서부와 북부는 오스트리아 합스부르크 왕가의 지배를 받았다.

2차 세계 대전 때 헝가리는 독일과 같은 편이어서 전쟁이 끝나갈 무렵 나라 전체가 전쟁터가 되어 부다페스트도 도시의 많은 부분이 파괴되었다. 부다페스트에 남아 있는 유적들을 잘 살펴보면 헝가리의 고단한 역사를 엿볼 수 있다.

성을 앞에 붙이는 헝가리 인

헝가리 인들은 우리처럼 성을 이름 앞에 붙인다. 사회 시간에 아시아의 훈족의 후예라고 배운 기억을 되살린다면 왠지 아시아와 연관이 있을 것만 같아 친근하게 느껴지기도 한다.

내성적이고 형식을 따지는 헝가리 인

헝가리 인들은 물건만 떨어져도 웃는 루마니아 인과 감성적인 세르비아 인처럼 감정이 풍부하지 않다고 한다. 자신들은 내성적이고 형식을 따지는 경향이 많다고 이야기한다. 정열적이고 물불을 가리지 않는 집시에 대한 환상을 들은 기억이 있다면 40대 이상일 것이다. 그런 이야기는 아예 찾아보기 힘들 것이라고 확신한다.

화폐의 단위가 큰 대한민국과 비슷한 포린트(Ft)

통화는 헝가리 포린트Ft이다. 화폐의 단위가 큰 대한민국과 비슷하다. 1, 2, 5, 10, 20, 50, 100, 200포린트 동전과 200, 500, 1000, 2000, 5000, 10,000포린트 지폐가 있다. 주차 요금은 주차 계산기에서 대부분 동전으로 3시간 단위로 결제를 해야 하기 때문에 여행 중에 동전이 있다고 무작정 없애고 지폐로 가지고 다니려고 하면 난감한 일이 생길 수 있다.

미리 알고 있어야 할 팁Tip 문화

헝가리에서는 레스토랑, 택시 운전사 등에게 10% 팁Tip을 준다. 예전에는 식당에서 테이블에서 결재를 할 때, 돈을 남기지 않고 웨이터에게 직업 주었지만 최근에는 계산서에 10%의 서비스 요금으로 추가되어 나오기도 한다. 계산할 때 미리 대비하지 않으면 난감한 일이 발생할 수 있다.

Eastern Europe Travel with Car

아시아 문화

헝가리 인들의 조상은 아시아계 유목민인 마자르족으로 대한민국과 비슷한 점이 많다. 동양인 체형에 가깝고 이름도 성을 먼저 쓰고 이름을 나중에 쓴다. 또한 매운 맛이 나는 파프리카를 즐겨먹는다.

부다페스트로 여행을 꼭 가야 하는 이유

1. 저렴한 여행 경비

헝가리의 아름다운 수도인 부다페스트는 동유럽의 파리라고 불리며 저렴한 물가로 전 세계의 관광객을 끌어 모으고 있다. 다양한 요리와 훌륭한 와인에 낭만적인 도나우 강으로 유명한 부다페스트는 서유럽에서 즐길 수 있는 모든 유럽여행의 재미를 거의 절반의 여행비용으로 즐길 수 있다.

2. 동유럽의 파리

부다페스트는 '부다^{Buda}'라는 지역과 '페스트^{Pest}'라는 지역을 합쳐서 부르는 이름이다. 부다와 페스트 사이를 가로질러 아름다운 모습을 가진 부다페스트를 '다뉴브 강의 진주' 또는 '동유럽의 장미'라고 부른다. 한때 오스트리아 - 헝가리 제국의 중심지였던 부다페스트는 한눈에 반할 만큼 매력적이다. 밤이 되면 화려한 야경을 자랑하고 나이트라이프를 즐기려는 관광객으로 북적인다.

3. 다양한 건축양식

동유럽에 부다페스트만한 도시는 많지 않다. 헝가리의 수도로 행정, 상업, 문화의 중심지로 집중이 된 도시이지만 부다페스트를 특별하게 만드는 것은 인공적이지만 자연적으로 잘 조화된 아름다움이다. 건축적으로도 바로크, 신고전주의, 아르누보 양식이 뒤섞여 관광객의 시선을 사로잡아버린다.

4. 안전한 치안

헝가리의 범죄 발생률은 감소하고 있다. 예전에는 동양인에 대한 소매치기나 사기가 많았지만 지금은 다른 유럽국가에 비해 범죄는 감소하고 밤에 돌아다녀도 안전한 도시로 탈바꿈하였다.

새로운 범죄들이 등장하는 것은 어쩔 수 없지만 기본적인 주의사항을 알아두면 방지할 수 있는 경우가 대부분이다. 안전한 치안덕분에 부다페스트는 '파티의 도시'라는 별명을 얻으면서 봄부터 가을까지 클럽은 밤새도록 파티를 즐기려는 관광객들로 북적인다.

5. 온천의 도시

온천이 발달한 헝가리의 부다페스트 Budapest는 겨울에도 관광객이 많다. 특히 온천을 즐기려는 유럽인들이 물가가 저렴한 부다페스트에서 온천여행을 선호한다. 가장 유명한 온천은 세체니와 겔레르트 온천으로 1년 내내 실내와 노천탕을 개방하고 있다.

설원 속 노천 온천에서 나른하게 쉬어갈 수 있는 온천은 부다페스트 Budapest 뿐만 아니라 벌레톤 호수 Balaton Lake 서쪽의 헤비츠 Heviz 온천도 있다. 부다페스트 Budapest의 온천을 즐기기 위해서는 수영복을 사전에 준비하자.

6. 화려한 야경

유럽에서 야경이 아름다운 도시를 생각하면 파리가 생각날 것이다. 그래서 헝가리의 부다페스트를 여행한다면 기대를 전혀 안하고 있다가 환상적인 야경을 보고 반전 같았다는 이야기를 많이 한다. 어부의 요새, 겔레르트 언덕, 자유의 다리, 헝가리 국회와 전망대 등 일일이 열거할 수 없을 정도로 아름다운 야경으로 한눈에 반하게 된다.

Eastern Europe Travel with Car

부다페스트 & 헝가리 여행 잘하는 방법

1. 도착하면 관광안내소(Information Center)를 가자.

어느 도시가 되도 도착하면 해당 도시의 지도를 얻기 위해 관광안내소를 찾는 것이 좋다. 공항에 나오면 중앙에 크게 'i'라는 글자와 함께 보인다. 환전소를 잘 몰라도 문의하면 친절하게 알려준다. 방문기간에 이벤트나 변화, 각종 할인쿠폰이 관광안내소에 비치되어 있을 수 있다.

2. 심카드나 무제한 데이터를 활용하자.

공항에서 시내로 이동을 할 때 택시보다는 미니버스와 지하철을 이용한다. 저녁에 숙소를 찾아가는 경우에도 구글맵이 있으면 쉽게 숙소도 찾을 수 있어서 스마트폰의 필요한 정보를 활용하려면 데이터가 필요하다.
심카드를 사용하는 것은 매우 쉽다. 매장에 가서 스마트폰을 보여주고 데이터의 크기만 선택하면 매장의 직원이 알아서 다 갈아 끼우고 문자도 확인하여 이상이 없으면 돈을 받는다.

3. 달러나 유로를 '포린트(Ft)'로 환전해야 한다.

공항에서 시내로 이동하려고 할 때 미니버스를 가장 많이 이용한다. 이때 헝가리 화폐인 '포린트(Ft)'가 필요하다. 대부분 유로로 환전해 가기 때문에 헝가리 화폐인 포린트(Ft)로 공항에서 필요한 돈을 환전하여야 한다. 여행 중에 사용할 전체 금액을 환전하기 싫다고 해도 일부는 환전해야 한다. 시내 환전소에서 환전하는 것이 더 저렴하다는 이야기도 있지만 금액이 크지 않을 때에는 큰 금액의 차이가 없다.

4. 공항에서 숙소까지 간단한 정보를 갖고 출발하자.

헝가리 부다페스트는 현지인들이 공항에서 미니버스를 많이 이용한다. 시내에서는 트램과 지하철, 버스가 중요한 시내교통수단이다. 지하철노선에 대해 잘 모르고 숙소를 가려고할 때 당황하는 경우가 발생한다. 또한 시내교통수단의 티켓을 개찰기에 넣어 사용하는 방법을 알고 탑승하는 것이 좋다.

같이 여행하는 인원이 3명만 되도 공항에서 택시를 활용해도 여행하기가 불편하지 않다. 다만 렌트카를 이용해 여행하는 것은 추천하지 않는다. 시내에서 주차장을 사용하기가 힘들고 주차장요금이 2시간마다 체크하며 비싸기 때문에 공항에서부터 렌트카를 사용하는 것은 쉽지 않아 제한이 많다.

헝 가 리
여 행 에
꼭 필요 한
I N F O

부다페스트 & 헝가리 현지여행 물가

헝가리 부다페스트 여행에서 큰 비중을 차지하는 것은 항공료와 숙박비다. 유럽으로 가는 항공권 자체가 비싸기 때문에 얼마나 저렴하게 구입하느냐가 여행경비를 좌우한다. 헝가리의 부다페스트까지 한번에 가는 직항편은 아직 없다. 헝가리 위에 위치한 폴란드의 수도 바르샤바나, 헝가리 밑의 크로아티아의 수도 자그레브로 대한항공이 직항을 개설하여 어렵지 않게 헝가리까지 이동할 수 있게 되었다.

하루 숙박비는 1인당 15,000~70,000원 정도이다. 일정에 따라 숙박비와 중식 그리고 기타 비용만 더하면 된다. 경비를 아끼려면 식사는 저렴한 레스토랑을 찾아 해결하는 것이 좋다. 부다페스트 & 헝가리 여행의 여행경비가 얼마인지 기본경비를 산출해 보자.

구분	세부품목	3박 4일	4박 5일	7박 8일
항공권	TAX, 유류할증료	620,000~1,280,000원		
숙박비	호텔, YHA, 민박	45,000~210,000원	60,000~350,000원	105,000~560,000원
식사비	한 끼	29,000~140,000원	39,000~260,000원	59,000~500,000원
교통비	버스, 트램, 지하철	30,000~82,000원		
입장료	입욕료, 각종 입장료	10,000원~	20,000원~	30,000원~
		799,000원~	899,000원~	1,080,000원~

헝가리의 화폐, 포린트(HUF / Ft)

통화기호로 'Ft'로 나타내는 포린트(Ft)는 피렌체의 금화 플로린 florin을 헝가리어로 읽은 것에서 유래가 되었다. 제2차 세계대전 이후 초인플레이션이 발생하면서 헝가리 경제의 파탄을 타개하기 위하여 디노미네이션을 하면서 당시 헝가리화폐인 '펭괴'를 대체하여 도입되었다.

포린트 도입 이후에는 안정적인 가치를 유지하였으나 사회주의 체제가 무너진 이후 시장경제가 도입되면서 잠시 불안정하기도 했다. 세계경제의 영향을 잘 받아 변동폭이 비교적 심한 편인 포린트(Ft) 때문에 유럽 연합에 가입하였지만 당시 헝가리 경제가 불안정하면서 화폐는 따로 사용하게 되었다. 하지만 지금은 인플레이션이 4.2%까지 하락해 매우 안정적이어서 유로로 대체하려고 하고 있다.

동전은 5, 10, 20, 50, 100 포린트(Ft)를, 지폐는 500, 1000, 2000, 5000, 10000, 20000 포린트(Ft)를 사용한다. 헝가리 1포린트(Ft)는 원화로는 약 4원 정도로 환산된다.

포린트(Ft)의 대략적인 원화가격
2009년에 200포린트(Ft)는 동전으로 대체되면서 폐기되었다.

포린트(Ft)	원화
500포린트(Ft)	2,350원
1,000포린트(Ft)	4,690원
2,000포린트(Ft)	9,380원
5,000포린트(Ft)	23,450원
10,000포린트(Ft)	46,900원
20,000포린트(Ft)	93,800원

현지 물가 적응을 위해 빠르게 계산기를 두드려 보지만 낯선 국가의 여행에 적응하려면 시간이 필요한 만큼 새로운 화폐인 포린트(Ft)에 적응하는 것도 시간이 필요하다. 이제 시작하는 헝가리 여행 중의 재미라면 재미이지 않을까 생각한다. 익숙하지 않은 화폐는 처음에 지폐를 사용할 때마다 계산 착오를 일으키기도 하기 때문에 헝가리 화폐관념이 형성되기 전까지 긴장모드가 발생되기도 하므로 확인하는 것이 필요하다.

역사

5세기 초
다뉴브 강 서쪽의 헝가리 전역은 로마의 판노니아^{Pannonia} 주에 속해 있었다. 아틸라^{Attila}가 이끄는 훈족이 이곳에 침입해 잠시동안 제국을 세우면서 로마는 판노니아를 포기하게 되었다.

9세기
마자르^{Magyar}의 일곱 부족들은 아르파드^{Arpad} 사령관의 지휘 하에 896년 볼가^{Volga} 강을 넘어 다뉴브 유역을 점령하였다. 헝가리 최초 왕이며 수호성인인 스테판^{Istvan} 1세는 1000년 크리스마스에 즉위하여 헝가리 왕국이 시작되었다.

15세기
1456년 난도르페헤르바르^{Nandorfehervar} 현재의 베오그라드에서 야노스 후냐디^{Janos Hunyadi}의 지휘 하에 헝가리는 오스만 투르크 제국의 헝가리 침입을 막았다. 후냐디의 아들 마티아스 코르비누스^{Matthias Corvinus}가 왕으로 있던 시대는 잠시동안 헝가리의 르네상스 문화가 꽃피워진 시기이다.

16~17세기

1526년 오스만 투르크는 헝가리 군대를 모하치에서 물리쳤다. 오스만 투르크가 1686년 오스트리아와 헝가리, 폴란드 군대에 의해 쫓겨나면서 헝가리는 합스부르크 왕가의 휘하에 들어갔다.

18세기

1703년 트란실바니아 영주인 페렌치 라코지(Ferenc Rakoczi) 2세는 오스트리아에 대항해 독립 전쟁을 펼쳤으나 실패했다.

1, 2차 세계대전

1차 세계대전 이후 합스부르크 제국이 무너지면서 헝가리는 독립하게 되지만 1920년 삼국 조약으로 국토의 68%와 인구의 58%를 빼앗겼다. 당시 조약의 문제점은 아직까지도 남아 있으며 주위 국가와의 관계를 껄끄럽게 만들고 있다.

1941년 헝가리는 잃어버린 영토를 되찾으려는 목적으로 나치 편에 서서 전쟁에 참가했다. 2차 세계대전 동안 헝가리는 수십만 명의 유대인을 아우슈비츠나 다른 수용소로 이송했다. 1944년 12월 임시정부가 데브레첸(Debrecen)에 들어섰으며 1945년 4월, 헝가리는 소련군에 의해 해방되었다.

전쟁이 끝나고 공산주의자들은 광대한 토지를 농민들에게 나누어주고 산업을 국유화시켰다. 1956년 10월 23일 학생 데모가 일어나 소련군의 철수를 요구하기 시작했고 다음날 개혁성향의 공산주의자 임레 나지(Imre Nagy)가 수상이 되었다. 11월 1일 나지는 바르샤바 조약탈퇴와 중립국가가 될 것임을 선포하였다. 이에 대해 소련은 11월 4일 부다페스트를 침략해 모든 봉기를 진압했다. 전투는 11월 11일까지 계속되었으며 3천여 명의 헝가리 인들이 죽고 20만 명이 오스트리아로 피난했다. 나지는 체포되어 루마니아로 이송되었으며 이곳에서 2년 뒤 처형당했다.

1987년 6월 카롤리 그로(Karoly Grosz)가 수상에 오르면서 헝가리는 완전한 민주주의로 서서히 발전하기 시작했다. 1989년 10월 당 회의에서 공산당은 정권의 독점을 끝내기로 합의하였으며 이로써 1990년 3월 자유선거의 길이 열렸다.

소련의 고르바쵸프가 개혁개방을 외치면서 헝가리는 말없이 정치 체제를 바꾸었으며 1991년에 소련군이 철수하였다. 10여 년 간의 경제 체제 이전과 역경을 거쳐 헝가리는 동유럽과 중부유럽에서 경제적으로 가장 빨리 성장하였다. 2003년 유럽연합에 가입하였다.

인물

우리는 헝가리에 대해 아는 사실이 많지 않다. 그렇기 때문에 헝가리의 영웅에 대해서도 모른다. 이제부터 간단히 알아보자.

에르제베트^{Erzsébet} (1837~1898 / 엘리자베스 아말리에 유진)

오스트리아 – 헝가리 제국의 황후인 에르제베트는 헝가리를 사랑한 황후로 부다페스트에서 더 유명하다. 고인이 된 지 100년이 지났지만 오스트리아 – 헝가리 제국을 통치한 황제 프란츠 요제프 1세(1830~1916)의 부인인 엘리자베스 아말리에 유진(1837~1898) 황후는 당대 유럽 최고였다는 미모와 기품 넘치는 모습으로 기억하고 있다. 에르제베트 황후를 처녀 시절 애칭인 '시씨'로 지금까지도 불러주고 있다.

독일 남부 바이에른의 영주 막시밀리안 요제프 공작의 딸인 16세 소녀 '시씨'는 자신의 친언니 헬레나와 결혼을 하기 위해 무도회에 참석한 사촌오빠 프란츠 요제프 1세 황제와 만난다. 사랑에 빠진 두 사람은 조신한 헬레나를 며느리로 삼고 싶었던 황제의 어머니이자 시씨의 이모인 소피의 반대를 이겨내고, 1854년 4월 비엔나에서 성대한 결혼식을 올린다. 아름다운 동화로 끝나지 않고 결국에는 비극으로 막을 내린다.

자유분방하고 감성적인 에르제베트는 시어머니 소피로 대표되는 황실의 엄격한 규율과 빈틈없는 통제에 고통스러워했다. 그녀가 기댈 곳은 황제뿐이었고, 숨 쉴 수 있던 것은 그의 사랑이 있기에 가능했다. 에르제베트는 1855년 두 살배기 딸 소피를 의문의 병으로 잃는다. 이어 그녀만을 사랑하겠다던 황제는 여배우 카타리나 슈랏과 외도를 범한다. 살인적인 다이어트를 한 결과, 그의 허리 사이즈는 20인치였다고 한다.

비극은 계속 되었다. 아들인 황태자 루돌프는 30세의 나이에 17세인 마리아 베체라 남작부인과의 이뤄질 수 없는 사랑에 고통스러워 하다가 1889년에 자살한다. 우울증에 시달리던 에르제베트는 황제 곁을 떠나 헝가리에서 머물며 유럽을 여행했다. 아들의 죽음 이후로 화려한 드레스 대신 검은 상복을 죽는 날까지 벗지 않았다고 한다.

1898년 9월10 스위스 제네바의 레만 호에서 배에 오르던 에르제베트는 무정부주의자인 이탈리아인 루이기 루체니에게 죽임을 당하고 만다. 에르제베트는 시신으로 오스트리아 비엔나로 돌아와 카푸치너 성당 지하의 황제 납골당(카이저 그루프트)에 안장됐다. 평생 마음속으로는 엘리자베스만을 사랑했다고 입버릇처럼 말한 황제도 1916년 사망 후 그녀의 곁에 묻혔다.

프란츠 요제프 Franz Joseph (1830~1916)

영국의 빅토리아 여왕처럼 60년이 넘는 재위 기간 동안 근면 성실한 국정 수행과 엄격한 면이 강조되지만 가족사의 비극으로 인해 오스트리아-헝가리 제국 국민의 사랑과 존경, 두려움으로 알려져 있다. 백발의 노황제를 당시의 남자들은 황제의 수염과 구레나룻을 모방할 정도였으니 다양한 면이 공존한 황제인 것은 분명하다.

프란츠 요제프 1세는 영국의 빅토리아 여왕처럼 존재 자체가 국가의 상징이었다. 오스트리아 - 헝가리 제국은 '프란츠 요제프'라는 인물의 카리스마와 결집력에 의해 유지되는 불안한 상태였다. 1차 세계대전 중 프란츠 요제프 황제가 사망한 후 급속히 제국이 붕괴된 것을 보면 알 수 있다.

황제의 비극적 생애

동생의 막시밀리안의 급진적인 개혁 성향 때문에 마음에 들지 않을 때도 있었지만, 동생은 항상 마음의 기댈 언덕이었다. 막시밀리안 황제의 죽음 이후 포티프 성당을 바라보는 형 프란츠 요제프 황제의 우울한 심정은 이듬해 동생의 시신이 빈에 도착할 때까지 지속되었다. 그런데 황실에서 벌어진 죽음의 행렬은 프란츠 요제프 황제를 더욱 매몰차게 압박했다. 1889년 1월 30일, 이번에는 황제의 장남이자 장차 황제에 즉위할 황태자 루돌프가 자살한 소식이 전해졌다.

장남 루돌프는 어릴 때부터 철저한 황태자 교육을 잘 받아 황실에서 촉망받는 미래의 후계자였지만 루돌프 황태자는 자유주의적인 세계관을 갖고 있었다. 특히 아버지 황제의 보수주의 정치에 대해 대단히 비판적인 입장을 취했다. 그래서 황제는 장남에게 국무를 자주 맡기지 않았다. 특히 헝가리 민족문제에 대한 입장 차이는 심한 정치적 대립으로까지 악화될 만큼 아주 심각했다. 벨기에 공주, 슈테파니와의 강요된 정략결혼 때문에 부자간의 관계는 더욱 악화되었고, 아들 루돌프는 그때부터 수많은 애정 관계로 아버지를 괴롭혀 왔다. 그런데 1889년 1월 28일, 마이얼링에 사냥을 나간 황태자는 애인과 함께 자살해 버렸다.

루돌프 황태자는 황제에게 하나밖에 없는 외아들이었다. 아들의 자살 소식은 미래 황제의 죽음을 뜻할 뿐만 아니라, 프란츠 요제프 황제의 대가 끊어지는 것을 의미했다. 황태자의 자살 소식을 전한 어머니 에르제베트는 그날부터 죽을 때까지 검은색 옷만 입었다. 이 검은 색에는 미래의 황제가 될 31살의 황태자 아들을 잃은 황제 부처의 상실감이 오롯이 담겨 있었다.

황후까지 죽고 나자, 노황제는 판단력이 순식간에 흐려져 중요한 정치적 사안을 결정할 수 없는 상태에 빠져들었다. 68살의 노황제가 감당하기에는 너무도 버거운 죽음의 행렬이었다. 1914년 6월 28일, 사라예보에서 막냇동생 카를 루트비히의 장남인 프란츠 페르디난트 황태자 부처가 발칸반도에서 암살당했다는 소식이 전해졌다. 평소 스스로 '평화의 황제'라고 자처해 온 프란츠 요제프 황제는 도저히 참을 수가 없었다.

그로부터 한 달 뒤 1914년 7월 28일, 84살의 노황제 프란츠 요제프 1세는 전쟁 선언문에 사인했고, 오스트리아-헝가리 제국은 즉각 세르비아에 전쟁을 공포했다. 이 전쟁은 노황제의 바람과는 달리 세르비아와의 국지전으로 끝나지 않고 처음부터 유럽 전쟁으로 번졌고, 세계대전으로 확대되었다. 4년간의 제1차 세계대전으로 1천만 명이 넘는 사망자가 발생했고, 600년 전통의 합스부르크 제국마저 몰락하는 결과를 초래했다.

1916년 11월 21일, 68년이라는 역사상 가장 오랜 기간 동안 통치한 프란츠 요제프 1세 황제는 그가 태어난 쇤브룬 궁전에서 숨을 거두었다. 그의 시신은 황후 엘리자베트와 황태자 루돌프와 함께 황실 묘역에 안치되었다. 프란프 요제프 1세 황제의 서거와 함께 합스부르크 제국을 하나로 묶어 놓고 있던 상징적 인물이 사라졌고 2년 후, 오스트리아-헝가리 제국은 해체되고 말았다.

안드라시 줄러 Gyula Count Andrássy (1823~1890)

안드라시 줄러 Gyula Count Andrássy de Csíkszentkirály et Krasznahorka는 1845년에 강 환경청의 회장으로 공직 생활을 시작해 1867~1871년까지 헝가리의 수상을 역임한 정치인으로, 오스트리아 - 헝가리 제국의 외무장관(1871~1879년)도 역임했다. 때로는 영어이름인 '줄리어스 안드라시 백작'이라고도 불렸다. 안드라시 줄러는 몇 세기만에 처음으로 전 유럽적인 영향력을 발휘한 마자르 정치인이었다. 그는 홀로 마자르 귀족과 근대의 신사를 연결했다는 평을 들었다.

세체니 이슈트반 Széchenyi István (1791~1860)

세체니 이슈트반 Széchenyi István은 19세기 전반에 활약한 헝가리의 자유주의 귀족, 정치인이다. 부다페스트를 대표하는 관광 명소인 세체니 다리는 그의 이름을 따서 붙인 것이다. 오스트리아 빈에서 세체니 페렌츠 백작의 아들로 태어나, 청년 시절에는 나폴레옹 전쟁에 참전하기도 했으며 1825년에는 자신이 1년 동안 모은 수입을 헝가리 과학 아카데미 설립 기금으로 기부하기도 했다. 1830년에는 도나우 강에 증기선을 운항하도록 지시했고 봉건적인 특혜 철폐를 포함한 개혁 방안을 제시했다.
1859년에는 헝가리에 대한 오스트리아 합스부르크 가의 절대주의 통치를 비난하는 내용이 담긴 팸플릿을 출판한 것이 문제가 되어 반역죄로 기소하겠다는 위협을 받아 1860년 4월 8일 비엔나에서 자살하고 만다.

라코치 페렌츠 2세 II. Rákóczi Ferenc (1676~1735)

헝가리의 귀족이자 트란실바니아의 공작(1704~1711년)이다. 1703~1711년까지 오스트리아 합스부르크 가문에 대항하는 반란을

일으켰으며 황금양모 기사단의 일원이었다. 헝가리의 국가적인 영웅으로 칭송받고 있으며 헝가리의 수도인 부다페스트를 비롯한 헝가리 전역에 그의 동상이 세워져 있다. 헝가리의 500 포린트 지폐에는 그의 초상화가 그려져 있다.

성 이슈트반 1세 Szent István I (975~1038)

헝가리를 국가로 통합시키는 토대를 마련한 건국 시조이다. 헝가리에 기독교를 받아들여 서구문화권으로 편입시키는 중요한 역할을 하였다. 부족국가형태였던 헝가리는 붕괴되고 왕국으로서 헝가리 국가가 탄생하면서 유럽의 한 국가로 자리잡게 된다. 부다페스트 최대 규모의 성당인 성 이슈트반 대성당은 그를 기리기 위해 1851~1906년에 세운 성당이다.

성 겔레르트 Szent Gellért (980~1046)

헝가리에 가톨릭을 전파한 이탈리아 선교사로 이교도들에게 탄압을 받다가 언덕에서 떨어져 순교한 인물이다. 그를 기리기 위해 순교한 언덕을 겔레르트 언덕으로 이름지었고, 20세기 초 언덕 중턱에 겔레르트상을 세우고 기념공원을 조성하였다.

마차시 Matyas (1440~1490)

터키와 싸운 헝가리의 민족영웅인 후냐디의 아들로 14세게 왕위에 올라 오스만투르트, 보헤미아, 폴란드에 대항하였다. 1485년 합스부르크 왕가를 굴복시키고 오스트리아 비엔나를 점령하여 강력한 국가를 이룩하였다. 1476년 나폴리 왕 페르디난드 1세의 딸과 결혼하여 적극적으로 이탈리아의 문화를 받아들이고 헝가리에 르네상스를 전파하였다.

리스트 Franz Liszt

우리가 들으면 알 수 있는 작품인 헝가리랩소디, 죽음의 무도를 남긴 헝가리의 피아노 연주자이자 작곡가로 낭만주의 시대의 거장이다. 니콜라스 에스테르하지 공작 밑에서 일하는 관리의 아들로 태어나 6살 때부터 아버지에게 피아노를 배우고 11살에 콘서트 연주자로 화려한 생활을 시작했다. 12살에 파리로 이사하여 피아노 제작자인 에라르를 만나 빠른 반복과 기교를 연습할 수 있는 7옥타브 그랜드 피아노를 선물 받으면서 달라진 실력을 뽐내게 되었다.

천재가 나타났다는 소문을 듣고 비엔나에서 열린 소년 리스트의 데뷔 공연에 참석한 베토벤은 그의 연주를 듣고 대단하다는 말과 함께 리스트에게 입맞춤하였다는 유명한 에피소드도 있다. 피아노곡 교향시는 물론 편곡까지 포함해 방대한 작품을 남겼다. 그의 작품 중에서 우리에게 유명한 곡이다.

헝가리 도로

헝가리 도로는 대부분 오스트리아의 도로상태와 교통체계가 비슷하다. 그래서 오스트리아에서 운전하는 것과 다를 것이 없다는 것을 알면 어렵지 않게 운전할 수 있다. 오스트리아에서 헝가리로 넘어가는 도로에서는 헝가리로 넘어갔다는 사실을 모를 정도로 아무런 표시가 없다. 그래서 통행료인 비네트를 구입하지 않고 다니는 경우도 많다. 반드시 휴게소에서 비네트를 구입해 다니도록 조심해야 한다.

1. 'E'로 시작하는 고속도로를 이용한다.

헝가리의 고속도로는 오스트리아의 수도 빈Wien에서 헝가리의 수도인 부다페스트까지 이어지는 E60번 도로가 가장 통행량이 많은 도로이다. 유럽의 각국 도로는 유럽 도로를 표시하는 'E' 도로 표시와 각국의 고속도로 표시가 혼합되어 있다. 그런데 헝가리는 'E'로 표시되는 도로를 그대로 사용하고 있다. 'E'로 상징이 되는 국도 몇 번이 연결되어 있는지 파악하고 이동하면서 도로 표지판을 보고 이동하면 힘들이지 않고 목적지에 도착할 수 있다.

2. 국도를 이용한다.

헝가리의 대부분의 도로는 국도이다. 그런데 국토가 작고 큰 도시는 부다페스트만 있고 다른 도시들은 작은 도시로 마을정도의 크기 정도이다. 헝가리를 여행하려면 작은 도시들을 이동해야 하므로 국도를 이용하여 가게 된다. 그러므로 사전에 몇 번 도로를 이용해 갈지 확인하고 이동하는 것이 좋다.

3. 각국의 국경을 통과할 때 입국수속이나 검문은 없다.

국경을 넘을 때 입국 수속이나 검문이 있을 것으로 예상했는데 싱겁게도 버스가 그냥 지나쳤다. 검문소가 있긴 했지만, 우리나라처럼 국경선 개념이 엄격히 통제되고 있지 않다.

4. 수도인 부다페스트 시내에서는 운전하기도 주차도 쉽지 않다.

헝가리 어디든 도로에 차량이 많지 않고 도로상태도 좋아서 운전이 어렵지 않지만 시내에서 운전하는 것은 다르다. 특히 수도인 부다페스트Budapest에서는 일방통행이 많고 트램이 혼재하여 있기 때문에 운전하여 다니기는 어렵다. 또한 시내에서 주차를 해도 주간에는 2시간마다 주차요금을 내고 다시 주차를 하는 불편함이 있다. 그래서 시내보다 외곽에 숙소를 예약하는 것이 편리하다. 그러므로 숙소에 주차를 하고 시내는 대중교통을 이용해 여행을 하는 것이 효율적이다.

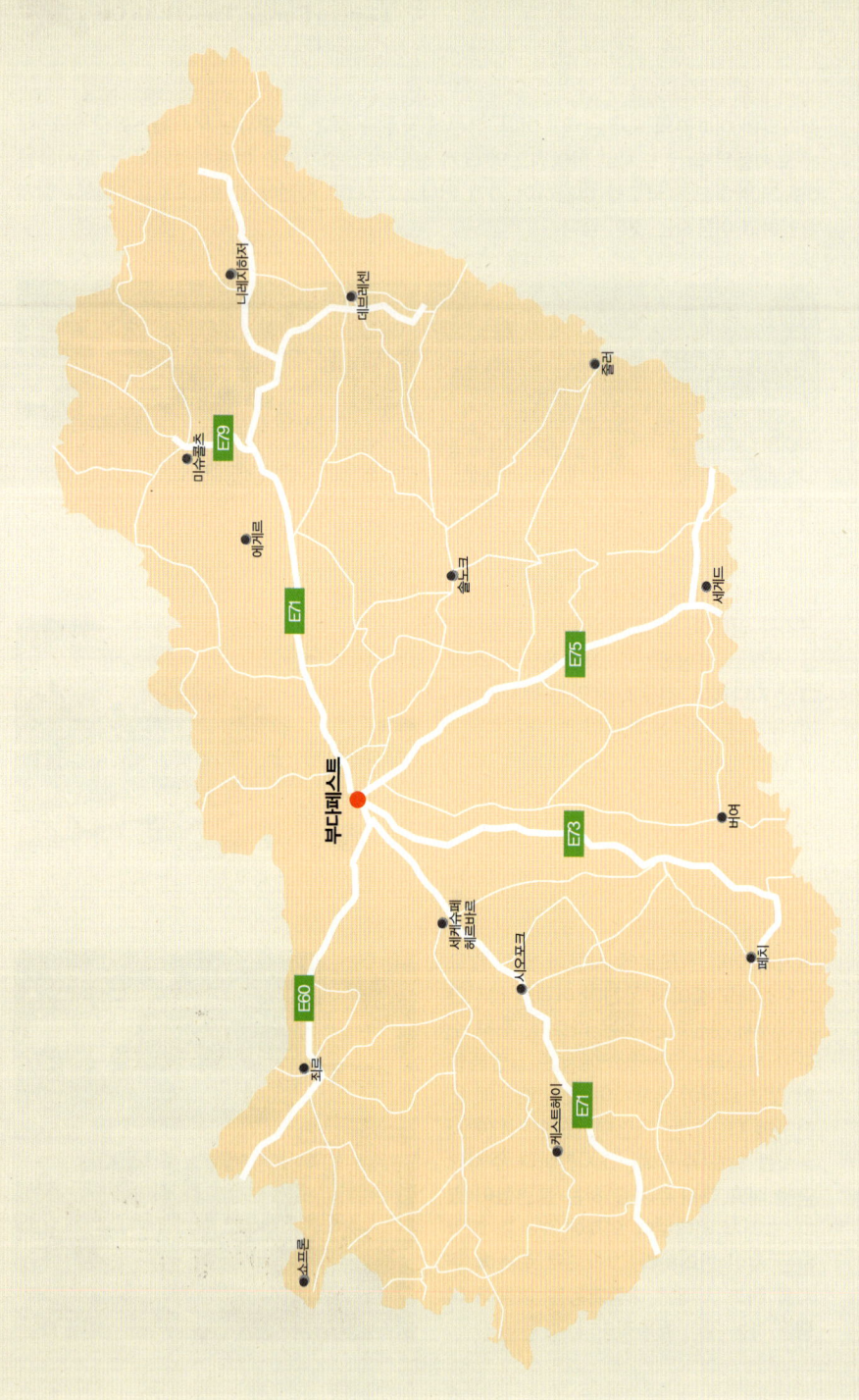

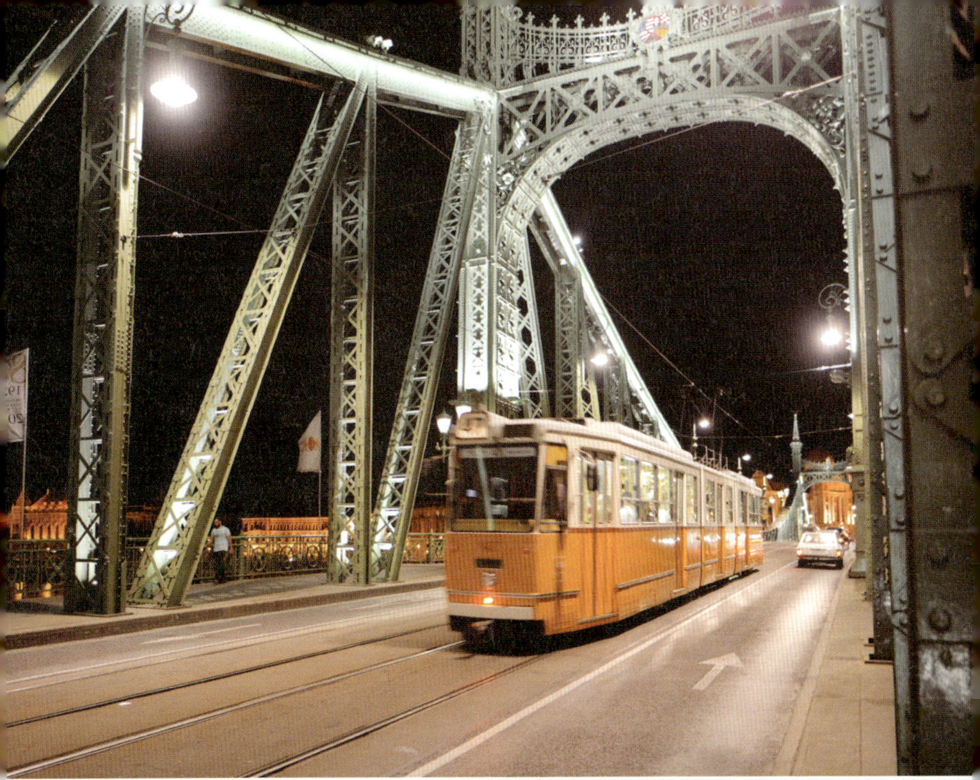

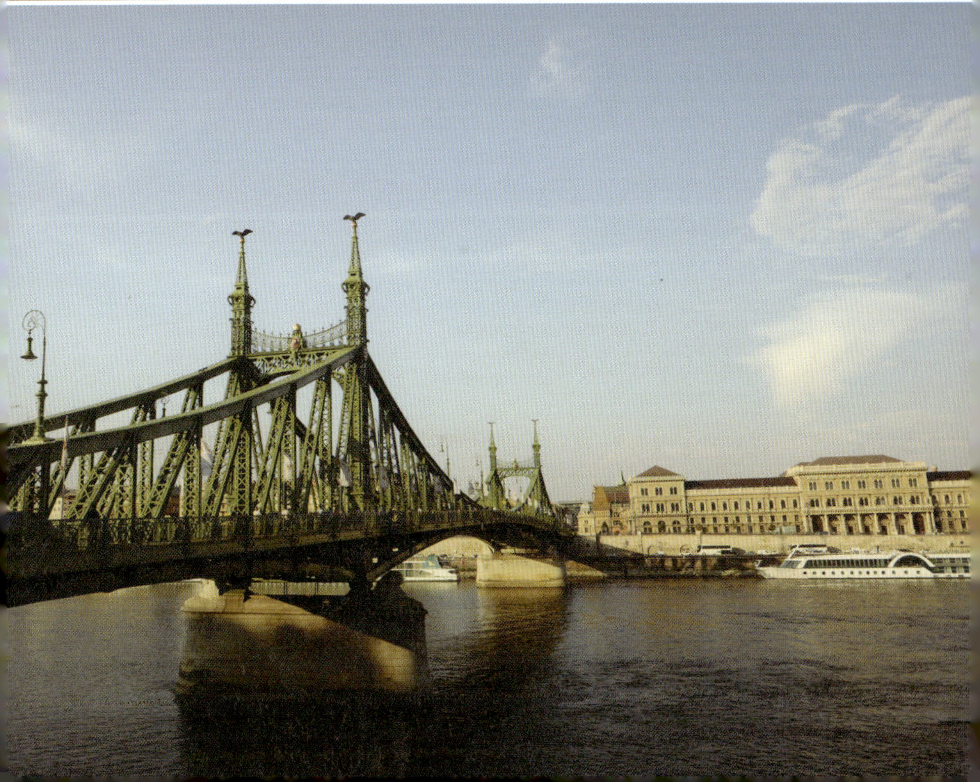

CROATIA
크로아티아

크로아티아 지방 소개

슬라보니아(Slavonia)
슬라보니아는 헝가리와 국경을 맞댄 곳으로 농업과 낙농업이 발달된 지방이다. 헝가리의 문화와 건축양식이 도시 곳곳에 스며들어 있다. 의 영향을 받은 도시들이 많다.

중앙크로아티아(Central Croatia | 대표 도시 : 자그레브 Zagreb)
수도인 자그레브(Zagreb)가 있는 내륙지방으로 교통이 발달되어 있고 크로아티아 경제, 정치, 문화 활동의 핵심 역할을 하고 있다.

크바르네르(Kvarner)
이스트리아 반도와 크로아티아 북부 해안 사이에 위치한 곳으로, 대표적인 항구 도시 리예카(Rijeka)와 크르크(Krk) 섬의 휴양지가 유명하다.

이스트리아(Istria)
이탈리아 사람들이 많이 살기도 해, 이탈리아 같은 분위기의 이스트리아 반도는 베네치아와 가까워서 역사적으로 '이탈리아'라고 생각해도 될 정도로 밀접한 지역이었다. 고대 도시에 남아있는 건축 양식과 유적지 등을 보면 실제로 이탈리아의 작은 도시들과 차이가 없다.

리카 – 카를로바츠(Lika – Karlovac)
아름다운 산과 강, 호수로 아름다운 크로아티아의 수도 자그레브 밑으로 형성된 중부지방이다. 플리트비체(Plitvice)는 크로아티아의 국립공원 중에서 천혜의 자연 경관을 가진 곳으로 가장 유명하다.

달마티아(Dalmatia)
크로아티아의 해안을 따라 있는 자다르(Zadar), 스플리트(Split), 두브로브니크(Dubrovnik)에 이르는 긴 해안에는 달마티아(달마시안 강아지의 원산지) 지방이 있다. 대표적인 휴양도시들은 유네스코 세계문화유산으로 지정되어 정비가 이루어졌다.

CROATIA

크로아티아는 아드리아 해의 북동 해안에 위치하며, 북으로는 슬로베니아 와 헝가리, 동으로는 유고슬라비아, 남쪽과 동쪽으로는 보스니아-헤르체고비나와 국경을 이루고 있다. 공화국의 크기는 벨기에의 두 배이며, 슬라보니아 (Slavonia)의 판노니안(Pannonian)평원으로부터 구릉이 많은 중부 크로아티아를 지나 이스트리아(Istrian)반도와 울퉁불퉁한 아드리아 해까지 부메랑모양으로 빙 돌아 나오는 모양을 하고 있다. 두브로브니크 마을이 있는 크로아티아의 아드리아 해 남쪽 끝은 손가락마디 하나정도의 차이로 보스니아- 헤르체고비나와 분리되어있다.

크로아티아 해변은 언제나 가장 인기 있는 관광지역이다. 해안선의 길이는 1778km이며 섬까지 포함하면 5790km에 이른다. 대부분의 해변은 모래보다는 넓은 돌이 많다. 앞바다의 섬들은 그리스의 섬들처럼 아름답다. 1185개의 섬들 가운데 66개의 섬에 사람이 산다.

크로아티아에는 7개의 아주 훌륭한 국립공원이 있다. 풀라 근처의 브리유니(Brijuni)는 잘 보존된 지중해 털가시 나무 오크 숲이 있는 가장 잘 가꾸어진 공원이다. 산악지대의 리스니야크(Risnjak) 국립공원은 스라소니의 보금자리인 반면, 파클레니차(Paklenica) 국립공원의 우거진 숲에는 곤충, 파충류, 멸종위기에 처한 그리폰 독수리를 포함한 조류 등이 서식한다. 플리트비치(Plitvice) 국립공원에서는 곰, 늑대, 사슴 등을 볼 수 있다

BOSNIA&HERCEGOVINA
보스니아 & 헤르체코비나

한눈에 보는 크로아티아

- **면적** | 56,594㎢(해안선이 1,778km의 남북으로 긴 국토를 가짐)
- **수도** | 자그레브
- **정치** | 크로아티아공화국Republic of Croatia
- **종족** | 크로아티아인(89.6%), 세르비아인(4.5%), 기타(5.9%)
- **공용어** | 크로아티아 어
- **종교** | 가톨릭(87.8%), 기타(12.2)
- **통화** | 쿠나Kuna
- **시차** | 7시간
- **국제전화** | +385

크로아티아 국기의 붉은색, 흰색, 파랑색은 크로아티아를 상징하는 색이다. 가운데 있는 문장은 크로아티아의 국장으로 'The Checquy Argent and Gules'라고 한다. '은색과 붉은색의 체크문장'이다. 체크 문장 위에 있는 5가지 문장은 크로아티아의 각 지방을 의미하는데 왼쪽부터 구 크로아티아, 두브로브니크, 달마티아, 이스트리아, 슬라보니아 지방을 의미한다.

붉은색과 흰색의 체크 문양의 문장은 16세기 크로아티아 왕국의 상징이었다. 1500년대 최초로 사용되었고 합스부르크 왕가의 지배를 받다가 2차 세계대전 중에 다시 사용되었다. 이후 유고 내전 당시 크로아티아가 독립하면서 다시 사용하여 지금에 이르렀다.

지리

북쪽으로 헝가리, 동쪽으로 세르비아, 서쪽으로 슬로베니아, 남쪽으로 보스니아 – 헤르체고비나와 국경을 접하며 서남쪽으로 길게 아드리아 해에 면해있다.

공휴일

1월 1일 | 신년	6월 25일 | 건국기념일
1월 6일 | 예수공헌축일	8월 5일 | 승전의 날
4월 2일 | 부활절	8월 15일 | 성모승천축일
5월 1일 | 노동절	10월 8일 | 독립기념일
5월 31일 | 예수성체축일	11월 1일 | 만성절
6월 22일 | 반나치 투쟁기념일	12월 25~26일 | 크리스마스

About 크로아티아

따뜻하고 아름다운 아드리아 해

아드리아 해안선을 따라 깎아지른 듯 절벽들이 아름답다. 크로아티아는 동서로도, 남북으로도 길게 펼쳐진 나라여서 지역에 따라 날씨가 다양하다. 아드리아 해와 맞닿은 해안 지방은 여름에는 덥고 건조하며 겨울에는 따뜻하고 비가 많이 내린다. 이런 날씨를 지중해성 기후라고 한다. 가장 따뜻한 달인 7월의 기온이 섭씨 22도 정도이다. 겨울에도 기온이 영하로 내려가지 않을 정도로 따뜻하다.

관광객을 불러들이는 여름 휴양지

크로아티아는 유럽인들에게 아주 인기 있는 여름 휴양지이다. 뜨거운 태양과 짙푸른 바다. 하얀 절벽을 배경으로 붉은 지붕이 오밀조밀 모여 있는 그림 같은 풍경을 어디에서나 볼 수 있기 때문이다. 아름다운 항구, 고대 로마와 중세의 유적들도 흥미로운 볼거리이다. 아름답기로 손꼽히는 계단식 호수가 있다. 서유럽 나라들보다 물가도 싸기 때문에 여름이면 나라 전체가 관광객들로 북적인다.

가톨릭 신앙과 전통을 지키며 사는 사람들

크로아티아 국민의 다수를 차지하는 크로아티아인은 900년대쯤 가톨릭을 받아들였다. 이 때문에 그리스 정교나 이슬람교를 믿는 주변 민족들과 종교가 달라서 사이가 좋지 않았다. 1945년 크로아티아는 유고슬라비아 연방에 속한 나라가 되었다.

그 뒤 자치와 독립을 원하는 크로아티아인들과 유고슬라비아 연방을 더 강하게 만들려던 세르비아인들은 서로 싸우기 시작했다. 1991년 크로아티아가 완전히 독립한 뒤에도 두 나라는 치열한 전쟁을 벌였다.

유고슬라비아 연방은 공업 시설과 석탄, 석유 등 천연자원이 풍부한 크로아티아가 독립하는 것을 바라지 않았기 때문이다. 크로아티아는 나라도 작고 인구도 적다. 하지만 크로아티아인들은 자신들의 가톨릭 신앙과 문화적인 전통을 지키려는 마음이 강하다.

유럽에서 가장 빠르게 떠오르는 관광지

지난 10년 동안 유럽에서 가장 빠르게 떠오르는 휴양지로 크로아티아는 관광객으로 넘쳐나고 있다. 2010년 초반만 해도 저렴한 이탈리아로 각광을 받기 시작했지만 아드리아 해의 또 다른 관광지로 독창적인 성격이 강조되면서 새롭게 떠오르기 시작하였다.

때 묻지 않은 지중해의 섬들과 다양한 도시 문화가 전 세계에 소개되면서 전 세계인들이 가고 싶은 관광지가 되었다. 게다가 미국 드라마, 왕좌의 게임Game of Thrones 로케이션으로 여름 성수기에는 깜짝 놀랄 정도로 관광객이 많다. 크로아티아는 다양한 풍경과 경험을 발견할 수 있는 유럽에서 가장 핫Hot한 관광지로 떠올랐다.

어디든 볼 수 있는 유네스코 세계 문화유산

크로아티아에는 유네스코 세계 유산에 선정된 8개의 문화유산과 2개의 자연 유네스코 유적지가 있다. 고대 문화 유산은 이탈리아와 인접하여 다른 어느 나라와도 비교가 안 될 정도이므로 역사 애호가라면 1세기부터 1,000년 이상 보존되어 왔던 역사유적지와 흥미로운 건축물을 어느 도시에서든 볼 수 있다.

크로아티아로 여행을 꼭 가야 하는 이유

1. 언제나 여행이 가능한 좋은 날씨

크로아티아에는 여름이 성수기이다. 하지만 봄부터 가을까지가 성수기나 마찬가지이다. 또한 지중해성 기후로 겨울에도 춥지 않아 여행이 충분히 가능하다. 사람이 살기가 좋은 자연환경이라 여행이 언제나 가능하다고 할 수 있다. 사람이 살기 좋은 자연환경은 크로아티아에 아름다운 자연을 선물로 주었다.

2. 각자의 특징들이 있는 옛 유적이 가득한 도시들

크로아티아를 본격적으로 여행하기 시작한 시기는 2008년 유럽연합에 가입한 이후이다. 크로아티아의 아름다운 자연과 유적을 알게 된 유럽인들이 여행하면서 세계적으로 명성이 퍼져나갔고 우리나라에서도 "꽃보다 누나"의 방송이후 정말 많은 사람들이 여행하기 시작했다. 이태리에 매우 많은 볼거리가 많지만 옛 로마의 유적이 많은 크로아티아에도 말로 표현하지 못하는 만큼의 다양한 유적을 감상할 수 있다. 너무 아름다운 크로아티아를 여행하다 보면 여행기간이 짧아서 너무나 아쉬울 것이다.

3. 친절하고 영어를 잘하는 크로아티아 사람들

크로아티아 사람들은 친절하다. 내전을 딛고 크로아티아 사람들이 직접 복구한 지역을 여행하는 전 세계 사람들에게 크로아티아인들은 매우 친절하게 여행을 도와준다. 길을 모른다고 걱정할 필요가 없다. 일단 물어본다면 친절하게 길을 가르쳐줄 것이다. 이태리에서는 영어를 못하는 이태리사람들과의 대화가 힘든 경우가 많다. 하지만 크로아티아에서는 대부분 영어를 잘 해서 의사소통에 불편함이 없다.

4. 매우 안전한 치안

크로아티아는 밤에 야경을 볼 것들이 많다. 치안이 나쁘다면 밤에 숙소에만 있어야 하겠지만 크로아티아는 치안이 매우 안전하다. 밤에도 유적지를 돌아다니면서 늦은 저녁식사를 할 수도 있고 문제없이 숙소로 들어올 수도 있다. 해외여행을 하다보면 보게 되는 취객, 소매치기 등은 거의 찾을 수 없다. 만일 여자끼리 여행을 하려고 한다면 걱정이 되기도 하겠지만 크로아티아에서는 걱정하지 않아도 된다.

5. 밤에도 먹을 수 있는 레스토랑

유럽을 여행하다보면 너무 일찍 닫은 레스토랑들이 아쉬울 때가 한두번이 아니다. 크로아티아는 밤에도 식사를 할 수 있어 늦은 저녁이 야경을 즐기면서 식사를 할 수 있는 여행에는 매우 좋은 환경이다. 우리나라처럼 늦게까지 쉽게 먹을 수 있고 즐길 수 있는 여행에 마음까지 건강해지는 느낌이 든다.

6. 현지인들과의 교감이 가능한
   현지인 집을 머무를 수 있는 편리한 여행서비스

유럽을 여행하려면 대부분 호텔에서 머무르게 되지만 크로아티아에서는 호텔보다 현지인들의 집에서 머무는 경우가 많다. 유네스코 문화유산이 도시로 지정되는 경우가 많고 아직 호텔이 많이 생기지 않은 크로아티아에서는 현지인들의 집에서 묶으면서 관광지에 대한 정보도 쉽게 얻을 수 있고 현지인들처럼 아침을 해먹을 수도 있어 체험할 수 있는 여행이 가능하다.

7. 와이파이가 대부분 잘 터진다.

유럽여행에서 와이파이(WIFI)가 잘 안터져 불편하다는 이야기가 많지만 크로아티아에서는 숙소, 공공건물, 카페 등 대부분의 장소에서 와이파이를 불편함 없이 쓸 수 있다. 우리나라 여행객들이 SNS를 사용하기가 너무 편해 유로로 와이파이를 사용하는 일은 손에 꼽을 것이다. 카카오톡 전화하기로 무료로 통화를 할 수도 있어 통신요금도 거의 나오지 않는다.

8. 다른 유럽에 비해 물가가 싸다.

유럽을 여행할 때 심각하게 고려하게 되는 게 '돈'이다. 유럽은 우리나라보다 물가가 비싸기 때문에 여행을 할 때도 여행경비를 항상 고민하게 되는데 크로아티아는 괜찮다. 이제 발전하기 시작한 크로아티아는 우리나라보다 물가가 싸다.
크로아티아에서 한끼를 제대로 먹어도 우리나라 돈으로 만원을 넘는 경우는 거의 없고 재래시장에서 푸짐하게 받아든 체리는 우리나라 돈으로 5천 원도 하지 않아 여행을 하면서 푸짐하게 먹으면서 여행할 수 있다.

크로아티아
여행에
꼭 필요한
INFO

크로아티아 역사

기원전 229년~기원후 10세기

기원전 229년 로마는 토착 부족인 일리리아Illyrians를 정복하고 달마티아의 스플리트에 식민지를 건설하였다. 기원후 625년경에 크로아티아 부족이 현재 크로아티아로 이주해 왔다. 925년 달마티아의 토미슬라프 공작은 크로아티아를 하나의 왕국으로 합쳤으며 이후 거의 200년 간 번영하였다.

14~19세기

14세기에는 오스만투르크 제국의 발칸 반도로 진출하여 위기를 맞이하였다. 1527년 북부 크로아티아는 보호처를 찾아 오스트리아의 합스부르크 왕가의 지배하에 들어갔으며 1918년까지 계속 영향을 받았다.
해안 지방은 15세기 베네치아의 지배하에 들어갔으며 1797년 나폴레옹이 들어올 때까지 이어졌다.

1차 세계대전

1차 세계대전에서 오스트리아-헝가리 제국이 패배하면서 크로아티아는 세르비아, 크로아티아, 슬로베니아 왕국의 일부가 되었고 이러한 움직임은 크로아티아 민족주의자들의 심한 반발을 불러일으켰다.

2차 세계대전

1941년 3월 독일이 유고슬라비아를 침략하면서 파시스트 우스타사 운동이 장악학 정권이

안테 파벨리치에 의해 크로아티아에 들어섰다. 우스타사는 규모면에서 나치를 능가할 만큼 큰 인종말살 정책을 벌여 잔인하게 많은 사람들을 학살하였다.

2차 세계대전 이후~1992년

유고슬라비아 연방에 남은 크로아티아는 1960년대에 다른 유고 공화국에 비해 경제적으로 성장하게 되었으며 좀 더 많은 자치를 요구하게 되었다. 1989년 세르비아의 코소보 주에 사는 소수 알바니아인에 대한 심한 탄압을 보면서 크로아티아는 40년에 걸친 공산주의를 끝내고 완전한 자치를 획득하려고 하였다.

1990년 4월의 선거에서 프란요 투즈만의 크로아티아 민주 연합은 구 공산당을 물리치고 선거에서 이기면서 1991년 6월 25일에 독립을 선포하였다. 이에 세르비아 공산주의자들이 장악한 유고군은 민족 분규를 막는 다는 핑계로 개입을 시작하였다. 유럽 연합의 중재로 크로아티아는 유혈사태를 피하기 위해 3개월간 독립 선언을 동결하였다.

1991년 12월 초 UN은 보호군을 파병하여 세르비아와 협상을 마무리 지었다. 1992년 1월 3일 정전이 발효되면서 유고슬라비아 연방군은 크로아티아 내 기지에서 철수하였다. 1992년 1월 유럽연합은 크로아티아의 독립을 정식으로 인정하였다.

1992~현재

독립이후 크로아티아는 지속적인 경제성장을 이루면서 발칸반도에서 슬로베니아의 뒤를 이어 풍요로운 나라를 이루고 있다. 특히 3~4%정도의 경제성장률과 밀려드는 관광객으로 인해 물가도 빠르게 올라가고 있다.

한눈에 보는 크리아티아 역사

- ▶7~9세기_ 북부는 프랑크 왕국, 동부는 동로마 제국의 지배
- ▶10세기_ 크로아티아 통일왕국 수립
- ▶11세기_ 헝가리가 왕국의 통치권을 장악, 헝가리-크로아티아국가성립
- ▶15세기_ 합스부르크가 왕가의 페르디난도 1세, 크로아티아의 왕위를 차지.
- ▶19세기_ 오스트리아-헝가리제국의 지배
- ▶제1차 세계대전_ 오스트리아 – 헝가리 제국이 패하여 세르비아 – 크로아티아 – 슬로베니아 왕국이 탄생
- ▶제2차 세계대전_ 구유고슬라비아 사회주의 연방공화국
- ▶1990년 4월_ 크로아티아 민족주의 정권 탄생
- ▶1994년_ 연방에서 이탈을 시도
   크로아티아와 슬로베니아가 연방의 최대강국인 세르비아 공화국과 민족적으로 대립, 인종과 종교, 지역 문제 등의 갈등으로 유고 내전시작
- ▶2013년 7월_ 유럽연합 EU에 가입.

유네스코 세계 문화유산

아드리아 해를 따라 위치한 아름다운 크로아티아는 화려한 해변, 역사적인 유적지, 그림 같은 국립공원, 맛있는 음식으로 인해 여행자가 선택하는 나라였다. 여기에 다양한 유네스코 세계문화유산까지 있어 이탈리아 못지않은 관광지가 되고 있다.

두브로브니크 올드 타운(Old Town Dubrovnik) _두브로브니크

두브로브니크의 심장이자 가장 아름답고 흥미로운 올드 타운은 유고슬라비아가 붕괴된 후 포위 공격으로 1990년대에 심하게 손상되었지만, 현재는 복원되어 매력을 잃지 않았다. 이곳은 좁고 낭만적인 거리와 관광객의 관심을 끄는 신비로운 분위기로 유명하지만, 유명한 미국 TV 시리즈인 왕좌의 게임의 촬영장소로 최근 몇 년 동안 인기가 급상승하기도 했다. 해가 지면 다양한 거리 공연을 즐기고 걸으면서 반나절이면 다 둘러볼 수 있는 작은 크기로 인해 아무 문제가 없다. 언덕을 따라 있는 골목길과 주변의 계단은 해가 질수록 더욱 아름답다.

두브로브니크 성벽(Walls of Dubrovnik)_두브로브니크

두브로브니크의 성벽은 완벽히 요새화된 시스템으로 중세 시대에 일어난 모든 공격으로부터 도시를 보호했다. 12~17세기 사이에 성벽은 대부분 완성되었지만 성벽은 8세기부터 존재했다. 15개월 동안 사라센Saracens 제국이 침략한 후 도시가 견뎌내면서 증명되었다고 역사학자들은 생각한다.

도보로 보통 약 2~3시간이 걸리지만 사진을 찍는 관광객들은 여기서 더 많은 시간을 보내게 된다. 도시와 바다의 놀라운 전망은 서두르지 않고 철저히 즐기는 것이 최고의 경험을 할 수 있다. 계단이 상당히 많으므로 여름에는 물과 선크림, 모자 등을 준비해 햇빛으로부터 보호해야 한다.

성 로렌스 성당(Katedrala Sv. Lovre)_트로기르

트로기르의 성 로렌스 성당은 로마네스크 고딕 양식으로 지어진 로마 가톨릭 성당이다. 수세기 동안 지속적으로 지어진 성당은 달마티아에서 가장 인상적인 건축물로 알려져 있다. 3개의 신도석이 있으며 정교한 조각으로 장식된 정문이 유명하다.

세인트 제임스 성당(Katedrala svetog Jakova)_시베니크

크로아티아 시베니크에 있는 성 제임스 성당은 3개의 수도원과 돔이 있는 3중 본당 성당이다. 카톨릭 교회는 시베니크 교구의 중심으로 르네상스의 가장 중요한 건축 기념물이다. 크로아티아 어로 'James'와 'Jacob'에 동일한 이름을 사용하기 때문에 종종 '성 제이콥St Jacob's'로 알려져 있기도 하다. 2000년에 성당은 유네스코 세계 문화유산으로 선정되었다.

디오클레티아누스 궁전(Dioklecijanova palača)_스플리트

디오클레티아누스 궁전은 로마 황제 디오클레티아누스가 지은 옛 궁전으로 현재는 스플리트 구시가지의 일부분이다. 궁전 전체가 하나의 작은 도시로 이루어져 아직도 스플리트 도시의 중심으로 사용되고 있다.

유프라시아 성당(Eufrazijeva bazilika)_포레츠

유프라시아 성당은 크로아티아의 포레츠Poreč의 이스트리안Istrian 마을에 있는 로마 가톨릭 대성당이다. 바실리카 자체, 크리스티, 세례당, 근처 대주교 궁전의 종탑으로 구성된 주교관 단지는 지중해 지역의 초기 비잔틴 건축 양식으로 지어졌다.

대부분 원래 모습을 유지하고 있지만 사고, 화재, 지진으로 변경된 부분이 있다. 같은 부지에 3번째로 세워진 교회이기 때문에 5세기 이전 대성당의 예전 건물 모습은 거의 업지만 바닥 모자이크는 남아 있다. 1997년에 유네스코 세계 문화유산에 등재되었다.

스타리 그라드 평원(Starogradsko polje)_흐바르

흐바르Hvar 섬에 있는 스타리 그라드Stari Grad 마을의 스타리 그라드 평원Stari Grad Plain은 기원전 4세기에 고대 그리스 사람들이 세운 농업지역이다. 평원은 여전히 원래 형태로 남아 있어서 석재 보호소, 물 보고 시스템과 함께 석재 벽을 신중하게 유지 보수하여 보존되었다.

크로아티아 축제

6월 3~4일, 인뮤직 페스티벌 Inmusic Festival
매년 6월 중순 자그레브 최고의 음악축제가 야룬 호수 Jarun Lake에서 3일간 개최된다.
▶홈페이지 www.inmusicfestival.com

7~8월, 자그레브 여름축제
자그레브 시내 곳곳의 야외무대에서 콘서트, 연극 등 다채로운 공연이 펼쳐진다.
▶홈페이지 www.zagreb-convention.hr

크로아티아 쇼핑

크로아티아는 쇼핑거리가 많지 않다. 크로아티아에서 유래된 문양의 넥타이와 빨간색 하트 모양의 전통과자인 Licitar를 많이 선물로 사온다. Licitar는 사랑의 상징으로 결혼식이나 생일 등 특별한 날 소중한 사람들에게 주로 선물한다고 한다.

생강과자 Licitar
달콤한 꿀이나 생강으로 만든 전통과자. 사랑과 애정의 상징으로 결혼식이나 생일 등의 특별한 날 소중한 사람에게 선물하는 것이 일반적이다.

넥타이
넥타이는 크로아티아 여인들이 전쟁에 나가는 자신의 애인이나 남편에게 무사히 살아오라는 행운의 의미로 주었던 크라바트 Cravat에서 유래했다. 이후에 넥타이를 매고 있는 크로아티아 병사들을 보고 프랑스 귀족들이 왕실무도회나 중요 행사에 넥타이를 매면서 전세계로 퍼져 나갔다고 한다.

또 다른 설
남성의 상징, 넥타이. 크로아티아에서 만들어졌다. 전쟁 시 똑같은 군복을 입은 군인들 사이에서 어머니가 자신의 아들을 쉽게 찾을 수 있게 매줬던 스카프에서 기원되었다고 한다. 그래서 어머니는 자신만이 아는 무늬를 자식을 위해 만들어주었다고 한다. 지금은 크로아티아 어디든 넥타이 전문점을 발견할 수 있다. 길거리 곳곳에 수많은 상점이 위치하니 취향에 맞게 골라볼 수 있다.

택스 리펀드(Tax Refund)

'Tax Free' 로고가 있는 한 매장에서 500kn 이상 구매할 경우 현금이나 카드로 세금을 환급받을 수 있다. 쇼핑 후 매장에서 텍스 리펀드 서류를 작성하고 여행이 끝난 후 출국하는 역이나 공항 세관 커스텀Custom에서 텍스 리펀드 서류에 물품반출을 확인하는 도장을 받아야 환급이 가능하다(유럽연합 EU은 모두 한 국가로 취급함).

TAX FREE 란?
여행을 위해 방문한 국가에서 외국인이 여행 중에 구입한 물품을 현지에서 사용하지 않고 자국으로 가져간다는 조건으로 여행 중에 구입한 물건(품)에 붙은 가가치세를 말한다.

크로아티아 음식

크로아티아는 정치적으로 힘이 강한 나라는 아니어서 주변 국가들의 영향을 많이 받았다. 음식에도 이런 정치적 영향이 강해 지방별로 다양한 음식문화를 갖고 있다. 자그레브를 비롯한 내륙지방은 가까운 헝가리, 오스트리아의 영향이 남아 있다. 풍부한 육류의 동유럽 음식이 발달하게 되었다.

자다르, 스플리트, 두브로브니크 등의 아드리아 해의 해안 도시는 이탈리아 도시들의 공국으로 오랜 세월을 지냈다. 그래서 바다에서 나는 신선한 해산물을 가지고 만들어지는 파스타와 리조토 등의 요리와 아이스크림Sladoled이 있는데, 대부분의 여행자는 이곳에서 크로아티아 음식을 즐기는 경향이 있다.

부레크(Burek)

밀가루로 만든 얇은 반죽을 파이로 만들고 그 안에 치즈나 고기를 넣은 전통 빵으로 세르비아의 영향을 받은 음식이다. 쫄깃쫄깃하여 사람들이 즐겨먹는 간단한 간식처럼 먹는다.

체밥치치(Evapčići)

돼지고기, 소고기, 양고기를 갈아 만든 발칸 반도 전통 음식으로 오스만투르크 때에 세르비아를 통해 전해졌다. 대한민국의 떡갈비와 비슷한데 빵에 넣어 먹는 경우가 많아 마치 핫도그 같다고 하기도 한다.

브로데트(Brodet)

생선이나 홍합과 쌀을 함께 넣고 끓인 스튜요리로 아드리아 해를 따라 있는 달마시아 지방의 대표요리이다. 토마토, 양파, 와인 식초를 넣어 맛을 더하고 해안의 신선한 생선이나 홍합이 더해져 맛이 우러나온다.

파스티차다(Paspicada)

달마티아 지방의 대표적인 음식으로 소고기 스튜와 비슷하다. 오랜 시간 소고기 살코기를 식초와 와인에 절여서 만든다. 당근 등의 채소와 같이 나오는데 지방마다 조금씩 요리 방법이 다르다. 레드와인과 잘 어울리는 대표적인 음식이다.

리조토(Rižoto)

달마티아 지방의 대표적인 음식으로 소고기 스튜와 비슷하다. 오랜 시간 소고기 살코기를 식초와 와인에 절여서 만든다. 당근 등의 채소와 같이 나오는데 지방마다 조금씩 요리 방법이 다르다. 레드와인과 잘 어울리는 대표적인 음식이다.

리그네(Lignje)

이탈리아도 마찬가지이지만 크로아티아도 비슷한 요리이다. 바삭하게 튀겨낸 오징어 튀김으로 리조토와 같이 먹는 경향이 강하다.

크로아티아 맥주

크로아티아 여행에서 대한민국의 여행자가 가장 좋아하는 브랜드는 오쥬스코이다. 크로아티아의 유명한 맥주는 2개가 더 있다. 크로아티아의 3대 맥주 브랜드는 오쥬스코Ozujsko, 카를로바츠코Karlovacko, 벨레비츠코Velebitsko이다. 하지만 카를로바츠코Karlovacko와 벨레비츠코Velebitsko도 유명하다.

오쥬스코(Ozujsko)

황금색의 브랜드가 유명한 오쥬스코Ožujsko는 최근에 급성장하면서 크로아티아의 맥주 점유율이 약 40%에 이르면서 최대 맥주회사로 등극하였는데, 크로아티아 축구 국가 대표팀의 후원이 큰 역할을 하였다. 120년이 넘는 전통을 가진 오쥬스코Ožujsko 맥주는 1892년에 처음 생산되었다. 보리, 효모, 홉, 물과 같은 천연 원료로만 만들어진다.

대한민국 여행자들이 두브로브니크 성벽투어를 하면서 전망이 좋은 유명한 부자 카페Cafe Buza에 가면 누구나 '레몬비어'를 마시는데 그 맥주가 오쥬스코Ozujsko 맥주이다.

CROATIA

카를로바코(Karlovacko)

1854년 카를로바코 Karlovac에서 설립한 크로아티아에서 가장 오래되고, 가장 큰 양조장이 만든 맥주이다. 현재 카를로바카 피보바라 Karlovacka Pivovara는 크로아티아에서 가장 큰 맥주회사이다. 맛있는 라거로 마무리가 좋으며 갈증을 풀어주어 더운 날 마시면 더욱 좋다.

벨레비츠코(Velebitsko)

1516년부터 시작된 독일의 바이에른 맥주기법에 따라 만들기 시작하였다. 방부제와 첨가제 없이 제조되어 신선도가 뛰어나다. 국가와 국토의 수호신인 빌라와 힘과 자유의 상징인 벨레비트 Velebit에서 보고 브랜드를 만들었다. 한동안 잊은 브랜드였다가 2013년부터 크로아티아 최대 양조장인 자그레바카 Zagrebačka에서 인수하여 성장하기 시작하였다.

크로아티아 마트

크로아티아도 최근에는 물가가 상당히 상승하여 예전만큼 저렴한 물가가 아니라는 사실을 여행을 하면 알 수 있다. 그래서 크로아티아에서 저렴하게 원하는 것을 구입하기 위해서는 슈퍼마켓이나 마트에 대해 알고 여행을 하는 것이 좋다.

콘줌(KONZUM) | www.konzum.hr

크로아티아 여행을 하면서 가장 많이 보고 찾아가는 슈퍼마켓 체인이다. 750개 이상의 매장을 갖추고 있고 매일 70만 명 정도가 찾는 데, 소규모 매장부터 대형마트 정도의 매장까지 다양하고 가격도 저렴하여 누구나 즐겨 찾는다.

디엠(DM) | www.dm-drogeriemarket.hr

독일에서 가장 큰 대형마트인데 동유럽을 중심으로 매장이 늘어나서 동유럽여행을 하면 독일의 대형마트라는 사실을 모를 정도로 친숙하게 느껴진다. 화장품, 건강식품, 생활용품 등의 다양한 상품을 만날 수 있다. 크로아티아에서는 대도시를 중심으로 외곽에 위치해 있다.

티삭(TISAK)

2010년대 초만 하더라도 상당히 많은 수가 크로아티아에서 유명 관광지마다 있었지만 최근에는 점차 사라지고 있다. 하지만 거리 중간에 음료나 간단한 먹거리를 구입할 수 있어서 좋다. 자그레브나 스플리트, 두브로브니크에서는 교통카드, 심Sim카드를 구입할 수 있기 때문에 유용하다.

크로아티아 추천 일정

배낭여행객들은 오스트리아 빈이나 헝가리 부다페스트에서 크로아티아로 들어가게 된다. 하지만 유럽의 어느 도시에서도 저가항공을 타고 자그레브나 두브로브니크로 입국하여 크로아티아여행을 해도 되기 때문에, 유레일패스를 사용하는 것이 아니라면 시간상으로도 저가항공을 이용하여 쉽게 여행을 시작할 수 있다.

7박 8일

자그레브왕복코스
자그레브(2일) – 플리트비체국립공원(1일) – 스플리트(1일) – 두브로브니크(2일) – 자그레브(1일)

저가항공으로 두브로브니크에서 시작하는 코스
두브로브니크(2일) – 두브로브니크 근교(로크룸 섬/믈레트섬/1일) – 스플리트(1일) – 흐바르 섬(1일) – 플리트비체국립공원(1일) – 자그레브(1일)

9박 10일
슬로베니아와 서부 이스트리아반도 이용코스
자그레브(2일) – 루블랴나(1일) – 블레드(1일) – 폴라(1일)
– 플리트비체국립공원(1일) – 스플리트(1일) – 두브로브니크(2일)
– 자그레브(1일)

서부 해안 집중코스
자그레브(1일) – 플리트비체국립공원(1일)
– 자다르(1일) – 흐바르(2일) – 트로기르(1일)
– 스플리트(1일) – 두브로브니크(2일) – 자그레브(1일)

2주 일정
자그레브(2일) – 루블랴나(1일) – 블레드(1일) – 폴라(1일)
– 플리트비체국립공원(1일) – 자다르(1일) – 트로기르(1일)
– 스플리트(1일) – 흐바르(2일) – 두브로브니크(2일) – 자그레브(1일)

6. 여행용 가방 도난

여행용 가방처럼 커다란 가방이 도난당하는 것은 호텔이나 아파트가 아니다.
저렴한 YHA에서 가방을 두고 나오는 경우와 당일로 다른 도시로 이동하는 경우이다. 자동차로 여행을 하면 좋은 점이 여행용 가방의 도난이 거의 없다는 사실이다. 하지만 공항에서 인수하거나 반납하는 경우가 아니면 여행용 가방의 도난은 발

생할 수 있다는 사실을 인지해야 한다. 호텔에서도 체크아웃을 하고 도시를 여행할 때 호텔 안에 가방을 두었을 때 여행용 가방을 잃어버리지 않으려면 자전거 체인으로 기둥에 묶어두는 것이 가장 좋고 YHA에서는 개인 라커에 짐을 넣어두는 것이 좋다.

7. 날치기에 주의하자.

크로아티아 여행에서 가장 기분이 나쁘게 잃어버리는 것이 날치기이다. 특히 크로아티아에서는 날치기가 거의 발생하지 않고 있지만 최근에 빈부 격차가 심해지면서 발생하고 있다.
내가 모르는 사이에 잃어버리면 자신에게 위해를 가하지 않고 잃어버려서 그나마 나은 경우이다. 날치기는 황당함과 함께 걱정이 되기 시작한다.
길에서의 날치기는 오토바이나 스쿠터를 타고 다니다가 순식간에 끈을 낚아채 도망가는 것이다. 그래서 크로스백을 어깨에 사선으로 두르면 낚아채기가 힘들어진다. 카메라나 핸드폰이 날치기의 주요 범죄 대상이다.
길에 있는 노천카페의 테이블에

카메라나 스마트폰, 가방을 두면 날치기는 가장 쉬운 범죄의 대상이 된다. 그래서 손에 끈을 끼워두거나 안 보이도록 하는 것이 가장 중요하다.

8. 지나친 호의를 보이는 현지인
크로아티아 여행에서 지나친 호의를 보이면서 다가오는 현지인을 조심해야 한다. 오랜 시간 여행을 하면서 주의력은 떨어지고 친절한 현지인 때문에 여행의 단맛에 취해 있을 때 사건이 발생한다. 영어를 유창하게 잘하는 친절한 사람이 매우 호의적으로 도움을 준다고 다가온다. 그 호의는 거짓으로 호의를 사서 주의력을 떨어뜨리려고 하는 것이다. 화장실에 갈 때 친절하게 가방을 지켜주겠다고 한다면 믿고 가지고 왔을 때 가방과 함께 아무도 없는 경우가 발생한다. 피곤하고 무거운 가방이나 카메라 등이 들기 귀찮아지면 사건이 생기는 경우가 많다.

9. 경찰 사칭 사기
남부 두브로브니크를 지나 이어진 작은 나라, 몬테네그로를 여행하다 보면 아주 가끔 신분증 좀 보여주세요? 라면서 경찰복장을 입은 남자가 앞에 있다면 당황하게 된다. 특수경찰이라면 사복을 입은 경찰이라는 사람을 보게 되기도 한다. 뭐라고 하건 간에 제복을 입지 않았다면 당연히 의심해야 하며 경찰복을 입고 있다면 이유가 무엇이냐고 물어봐야 한다. 환전을 할 거냐고 물어보고 답하는 순간에 경찰이 암환전상을 체포하겠다고 덮친다. 그 이후 당신에게 여권을 요구하거나 위조지폐일 수도 있으니 돈을 보자고 요구한다. 이때 현금이나 지갑을 낚아채서 달아나는 경우가 발생한다.

말할 필요도 없이 여권을 보여주거나 현금을 보여주어서는 안 된다. 만약 경찰 신분증을 보자고 해도 슬쩍 보여준다면 가까운 경찰서에 가자고 요구하여 경찰서에서 해결하려고 해야 한다.

크로아티아의 도로사정

크로아티아의 도로는 우리나라와 차이가 거의 없다. 고속도로는 새로 건설이 되어 우리나라와 비슷한 도로로 깨끗하게 잘 뚫려 있다. 고속도로는 편도2차선 도로인데 차가 별로 없어서 차량정체가 없다. 차가 별로 없어서 편도 2차선 정도이고, 편도 4차선 도로는 자그레브 시내에 들어올 때를 빼고는 보지 못했다.

고속도로는 속도가 130㎞정도의 속도를 낼 수 있기 때문에 빠르게 갈 수 있지만 볼거리는 거의 없다. 고속도로는 편도 2차선(왕복 4차선), 국도는 왕복 2차선인 경우가 대부분이다. 자다르부터 두브로브니크의 해안도로는 아름다운 바다를 볼 수 있지만 굴곡이 심한 지역이 많아 시간은 오래 걸린다. 자그레브와 두브로브니크 정도의 큰 도시를 빼면, 주차장에 차량이 많지않아 주차가 힘들지 않다.

크로아티아 고속도로

크로아티아는 1991년 독립 이후 국가의 도로 인프라가 개선하기 위해 고속도로가 건설된 후 관리가 잘 되어 있어 크로아티아에서의 고속도로 운전은 비교적 쉽다. 도로 표지판도 매우 명확하야 운전은 대한민국에서 하는 것과 차이가 거의 없다.

자그레브와 달마티아 지방의 자다르, 스플리트를 연결하는 고속도로가 있으며, 내부의 바라 자딘Varazdin과 이스트리아 반도의 풀라, 리예카 구간이 있다. 남쪽으로 두브로브니크를 향한 고속도로는 현재 두브로브니크에서 북쪽으로 약 100㎞ 떨어진 플로체Ploce까지 건설되어 있다. 크로아티아에서 가장 아름다운 노선은 리예카와 두브로브니크를 연결 하는 아드리아 도로(Jadranska magistrala – 공식 도로 D8)이다.

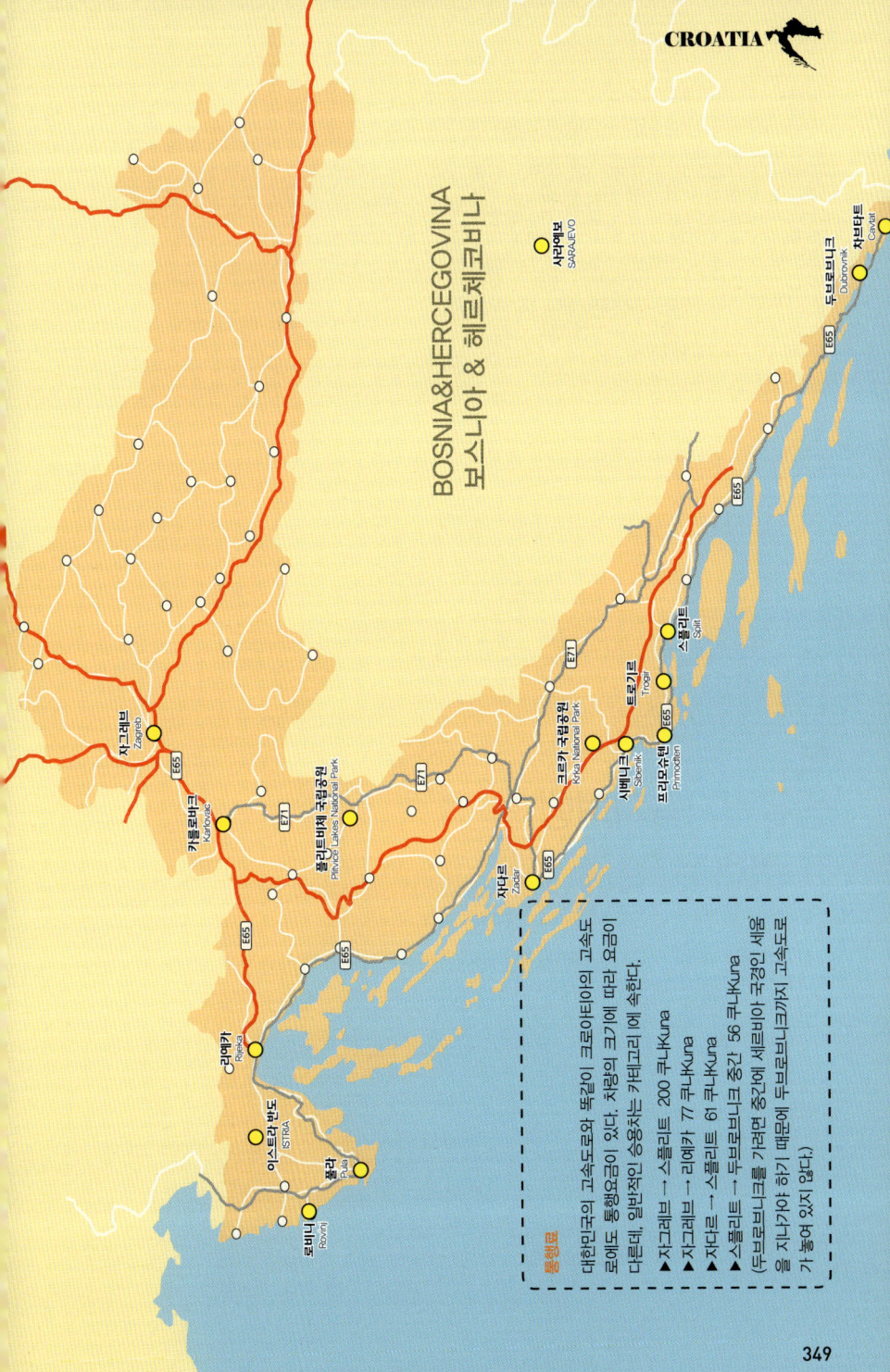

조대현

63개국, 298개 도시 이상을 여행하면서 강의와 여행 컨설팅, 잡지 등의 칼럼을 쓰고 있다. KBC 토크 콘서트 화통, MBC TV 특강 2회 출연(새로운 나를 찾아가는 여행, 자녀와 함께 하는 여행)과 꽃보다 청춘 아이슬란드에 아이슬란드 링로드가 나오면서 인기를 얻었고, 다양한 여행 강의로 인기를 높이고 있으며 '트래블로그' 여행시리즈를 집필하고 있다. 저서로 블라디보스토크, 크로아티아, 모로코, 나트랑, 푸꾸옥, 아이슬란드, 가고시마, 몰타, 오스트리아, 족자카르타 등이 출간되었고 북유럽, 독일, 이탈리아 등이 발간될 예정이다.

폴라 http://naver.me/xPEdID2t

동유럽자동차여행

초판 1쇄 인쇄 l 2020년 4월 27일
초판 1쇄 발행 l 2020년 5월 13일

글 l 조대현
사진 l 조대현
펴낸곳 l 나우출판사
편집·교정 l 박수미
디자인 l 서희정

주소 l 서울시 중랑구 용마산로 669
이메일 l nowpublisher@gmail.com

979-11-90486-17-0 (13980)

- 가격은 뒤표지에 있습니다.
- 이 저작물의 무단전재와 무단복제를 금합니다.
- 파본은 구입하신 서점에서 교환해드립니다.

※ 일러두기 : 본 도서의 지명은 현지인의 발음에 의거하여 표기하였습니다.